幼儿园区域活动指导丛书

U0821436

幼儿园区域创设与活动指导：
建　构　区

陈　雯　施月平　赵智慧　孙　婧　著

苏州大学出版社

图书在版编目(CIP)数据

幼儿园区域创设与活动指导. 建构区 / 陈雯等著. 苏州 : 苏州大学出版社, 2024. 12. -- (幼儿园区域活动指导丛书 / 张晗, 王亚红主编). -- ISBN 978-7-5672-5097-0

Ⅰ. G612

中国国家版本馆 CIP 数据核字第 20253FB454 号

You'eryuan Quyu Chuangshe Yu Huodong Zhidao: Jiangou Qu

书　　名: 幼儿园区域创设与活动指导: 建构区

著　　者: 陈　雯　施月平　赵智慧　孙　婧

责任编辑: 曹晓晴

装帧设计: 吴　钰

出版发行: 苏州大学出版社(Soochow University Press)

社　　址: 苏州市十梓街 1 号　**邮编:** 215006

印　　装: 苏州市越洋印刷有限公司

网　　址: http://www.sudapress.com

邮购热线: 0512-67480030

销售热线: 0512-67481020

开　　本: 787 mm×1 092 mm　1/16　**印张:** 11.25　**字数:** 234 千

版　　次: 2024 年 12 月第 1 版

印　　次: 2024 年 12 月第 1 次印刷

书　　号: ISBN 978-7-5672-5097-0

定　　价: 45.00 元

总 序

在推进课程游戏化项目的过程中，江苏省教育厅强化了几项基本任务，其中就有深入开展区域活动。区域活动对幼儿园课程的实施来说，是基本的和重要的途径。但在十多年前，这一点并没有得到充分认可。课程游戏化让很多教师认识到区域在课程实施中扮演了重要的角色，组织多样化的区域活动是课程游戏化项目重点关注的工作内容。区域是一种非全班性的组织方式，有助于减少对全班集体活动的依赖，有助于推进儿童的小组学习、个别学习，有助于儿童的自主游戏，也有助于满足不同儿童的活动需要。很难想象，没有区域活动的开展，幼儿园如何注重个体差异，实现真正有效的因材施教。因此，区域活动是有助于儿童获得多样化经验，能够顾及儿童个体需要的适合幼儿园课程实施的活动形式，现在已经成为很多幼儿园课程实施的重要途径。

这里所说的“区域”是对班级室内或走廊环境以及场地环境的一种分隔，区域分隔主要是从活动和功能的意义上说的，而不只是从空间意义上说的。不同区域的材料不同、活动不同，能满足儿童不同的需要，能让儿童获得不同的经验，因此区域具有多样性和可选择性。多样性意味着除了一些基本的区域，班级还可以根据课程的需要尤其是儿童的需要，创设新的区域，体现了课程的灵活性和适应性。可选择性意味着儿童的自主性，儿童的需要得到了关照和满足，关注每一个儿童的发展需要就成为可能。

区域活动作为幼儿园课程的主要实施途径，它包含了空间、时间、材料、儿童等要素，不同的儿童会在同一个区域中开展不同的活动。空间、时间、材料等适合儿童，活动就可能顺利开展，儿童就可能获得经验；反之，儿童就可能没有兴趣，活动就难以开展。课程游戏化项目推进的过程中，要努力引导教师研究儿童，研究材料，研究适宜的时间和空间，要努力让区域发挥应有的作用。

区域活动中，教师应注重观察、适当介入、有效指导，为幼儿的主动发展提供条件。教师如放任不管、过于随意，就不可能引发幼儿的深层学习，不可能让幼儿不断面临挑战，也不可能让幼儿形成新的经验。创设丰富多元、灵活适宜的活动区域是幼儿园开展区域活动的基本条件和必要前提。对于幼儿园来说，区域如何规划，是因园、因班而异的，是与幼儿园、班级实际空间、幼儿数量等都密切相关的，甚至不同的季节、不同的天气、不同的主题及幼儿的兴致都可能影响区域的安排。区域规划要有利于幼儿的活动，要符合幼儿身心发展规律和学习特点，有利于幼儿经验的获得。区域的规划应注重多样性、互补性、互动性和发展性。不同的区域有不同的活动和任务，性质也可能各异，不是所有的区域都具有完全相同的功能，但不同区域之间可以进行协调和互动。对区域活动而言，有些区域可能自发性和游戏性更强一些，有些区域可能目的性和探究性更强一些。在区域规划时，一定要将幼儿游戏兴趣与发展需要作为区域设置的重要依据，既确保幼儿的自由游戏时间和空间，又确保幼儿经验的有效发展。

幼儿是在行动中学习的，幼儿与周围环境，尤其是与材料的相互作用，是幼儿获得经验的重要途径。区域活动中教师要研究每一种资源的功能，研究不同资源之间的协同和配合，最大限度地发挥资源的教育价值。要根据幼儿的兴趣和需要，组织和改造资源，将基本资源和辅助资源有机结合起来。要从幼儿的年龄特点出发，确保活动资源的可选择性、可获得性、适宜性和挑战性，要真正满足幼儿活动的需要，促进幼儿持续学习。要深入关注幼儿利用资源进行互动的过程，发现问题，加强指导，使资源在活动的过程中真正转化为幼儿的经验。

“幼儿园区域活动指导丛书”的作者就是基于以上思考，依托江苏省“双师型”名师工作室与江苏省高校“青蓝工程”优秀教学团队的力量，立足幼儿园区域创设与活动实施中的真实问题，在《幼儿园工作规程》《3—6 岁儿童学习与发展指南》《幼儿园保育教育质量评估指南》等文件精神引领下，基于“经验视野下幼儿园区域创设与活动指导”的科学观念与实践策略，对生活区、语言区、角色区、科学区、数学区、建构区、美工区、公共区域等八个不同区域进行系统的研究和总结，凸显了丛书的全面性与引领性。此套丛书既有理论思考，又有实践关怀，让我们看到了幼儿园区域活动的独特魅力与丰富价值。

期待该丛书能为更多幼儿园区域规划、环境创设、活动实施提供有益的借鉴与指导，更好地实现幼儿个性化全面发展的需要，为学前教育高质量发展贡献力量。

虞永平

2024 年 8 月

丛书前言

区域活动是江苏省幼儿园课程游戏化项目的主要建设内容，也是课程游戏化项目推进中的一个难点。苏州市吴江区作为江苏省幼儿园课程游戏化项目区域推进的先行者之一，多年来在区教育局、教研室以及高校专家的引领下，持续深入地对室内区域环境创设与活动指导进行研究探索、反思优化，已形成了相对成熟的理论架构与实践经验，现将实践成果凝练成文并出版，以期与所有幼教同仁共同研讨。

1. 区域活动是践行“游戏是幼儿园基本活动”理念的重要途径

2001 年，教育部颁印的《幼儿园教育指导纲要（试行）》指出，“尊重幼儿身心发展的规律和学习特点，以游戏为基本活动”，“幼儿园应为幼儿提供健康、丰富的生活和活动环境，满足他们多方面发展的需要，使他们在快乐的童年生活中获得有益于身心发展的经验”。基于幼儿经验全面发展需要，创设种类多样、数量丰富的区域，投放充足、适宜的区域材料，可满足幼儿通过“直接感知、实际操作、亲身体验”获取经验的需要。

2. 区域活动是克服幼儿园“小学化”现象的重要策略

2011 年，《教育部关于规范幼儿园保育教育工作　防止和纠正“小学化”现象的通知》指出，“创设适宜幼儿发展的良好条件，整治‘小学化’教育环境。幼儿园要创设多种区域活动空间，配备丰富的玩具、游戏材料和幼儿读物，为幼儿自主游戏和学习探索提供机会和条件”。2018 年，《教育部办公厅关于开展幼儿园“小学化”专项治理工作的通知》提出，“对于未按规定创设多种活动区域（区角），未提供充足的玩教具、游戏材料和图书，缺乏激发幼儿探究兴趣、强健体魄、自主游戏的教育环境的，要调整幼儿园活动区域设置，合理利用室内外环境，创设开放的、多样的区域活动空间，并配备必要的符合幼儿年龄特点的玩教具、游戏材料、图画书”。

3. 区域活动是落实江苏省幼儿园课程游戏化精神的重要内容

2014年，江苏省教育厅、财政厅《关于开展幼儿园课程游戏化建设的通知》指出，“构建游戏化活动区域。以尊重幼儿兴趣爱好、激发幼儿自主活动为宗旨，根据课程实施进展情况，创建数量充足、种类多样、材料丰富、与幼儿发展相适宜的游戏区域。区域活动中教师注重观察、适当介入、有效指导，为幼儿主动发展提供条件保障”。作为课程游戏化实施的重要载体，不同种类、不同难度的区域活动为幼儿提供了丰富的内容选择与广阔的挑战空间，激发了幼儿的活动兴趣与探索欲望，促进幼儿积极建构新经验，极大地转变了以“端坐静听”为主的教学方式。

4. 区域活动是实现学前教育高质量发展的重要举措

2023年7月，《教育部 国家发展改革委 财政部关于实施新时代基础教育扩优提质行动计划的意见》明确要求，“加快构建幼有优育、学有优教的高质量基础教育体系”。高质量学前教育的核心在于实现每位幼儿在自己原有基础上的最优发展，即个性的全面发展。教育部《幼儿园工作规程》提出，“幼儿园应当根据幼儿的年龄特点指导游戏，鼓励和支持幼儿根据自身兴趣、需要和经验水平，自主选择游戏内容、游戏材料和伙伴，使幼儿在游戏过程中获得积极的情绪情感，促进幼儿能力和个性的全面发展”。

本套丛书共分9册：《经验视野下幼儿园区域创设与活动指导》《幼儿园区域创设与活动指导：生活区》《幼儿园区域创设与活动指导：语言区》《幼儿园区域创设与活动指导：角色区》《幼儿园区域创设与活动指导：科学区》《幼儿园区域创设与活动指导：数学区》《幼儿园区域创设与活动指导：建构区》《幼儿园区域创设与活动指导：美工区》《在同构、互融中共生——幼儿园公共区域创设与活动指导》。全套书由总到分，系统涵盖幼儿园主要区域类型，指向幼儿经验全面发展需要。当然，本套丛书也是一个开放的体系，后续的音乐区等相关区域如有好的探索成果，我们会继续丰富。

本套丛书的每一分册都从一个区域的研究现状与趋势出发，链接《3—6岁儿童学习与发展指南》，从核心价值与联动价值两个方面分析区域活动经验价值；基于区域价值的实现进行区域创设，包括空间规划、环境创设、材料投放、规则制定与标识创设等；在区域创设的基础上，放手让幼儿自主活动，教师进行观察、倾听，适时、适宜地进行区域活动的指导；探索不同区域之间、区域活动与其他活动之间的有机联系、相互渗透的路径与方法。本套丛书将理论与实践有机结合，注重案例启发，对开展幼儿园区域活动有较好的借鉴意义。每册书图文并茂，区域创设、活动指导的路径与策略通俗易懂，旨在为幼儿园教师提供全面、实用的指导方案。

本套丛书的顺利出版得益于江苏省“双师型”名师工作室和江苏省高校“青蓝工程”优秀教学团队的资助，得益于苏州幼儿师范高等专科学校、吴江区教育局的大力支持。本套丛书是全体作者共同努力的成果，编写时借鉴、参考了国内外已有的研究成果，在此向一路上给予支持与帮助的领导、前辈和同行表示由衷的感谢！

本套丛书参与者较多，尽管每个人都尽了很大努力，但由于研究能力所限，丛书内容尚未完全达到理想的状态，难免存在错误、缺漏和不当之处，敬请广大读者批评指正！

张　晗　王亚红

2024 年 8 月

前言

建构区活动为幼儿提供了丰富的学习与发展机会，不仅为幼儿创造了探究数与量的关系、增强空间意识与丰富几何概念的学习情境，还有助于幼儿认识材料的属性与结构的稳定性，以及理解建筑的平衡、对称、形状和设计美学。但在日常的建构区活动中，作者发现，各种因素诸如空间不足、材料单一、时间不充分等都会不同程度地影响幼儿建构的质量。因此，如何创设有效的建构区成为幼儿园教育实践中的重要问题与困惑之一。

本书是苏州市吴江区同里幼儿园和七都幼儿园教师通过理论学习、实践探索、经验总结、案例分析等多维方式，对建构区的空间规划、环境创设、规则制定、标识设置、材料投放、活动实施、观察指导等方面进行系统性探索的最新成果。全书涵盖了小班、中班、大班建构区创设与活动指导的全要素，图文并茂、案例丰富、操作性强，能为幼儿园教师及学前教育师范生开展建构区活动提供借鉴与参考。

本书共设七章内容，分别为建构区概述、建构区经验价值分析、建构区空间规划与环境创设、建构区规则制定与标识创设、建构区材料投放、建构区活动实施与指导、建构区活动与其他活动融合。

本书凸显三大特色：第一，理论与实践相结合。作者在撰写过程中阅读了大量的文献及相关文件，以《幼儿园工作规程》《幼儿园教育指导纲要（试行）》《3—6岁儿童学习与发展指南》为行动纲领，通过班级具体实例，阐述了将研究发现应用于具体实践的方法，再现了理论落地的全过程。第二，现实需求与未来发展相结合。本书既关注建构区特性，考虑幼儿的兴趣、发展水平及其文化和地域背景，又着眼于幼儿未来的发展需要，全方位展现了建构区的建设情况。第三，核心价值与联动价值相结合。本书聚焦建构区但又不局限于建构区，关注建构区的核心价值与联动价值，注重建构区与课程、其他区域的融合，指向幼儿各领域的经验价值，力求实现幼儿发展的全覆盖。

本书是在苏州幼儿师范高等专科学校张晗教授伴随式指导下完成的，撰写过程中，作者参阅了大量国内外学者、幼教工作者的相关学术文献，也得到了苏州大学出版社的大力支持，在此一并表示感谢。

本书是诸位作者多年来努力实践探索和理论研究的结晶，但囿于作者水平，不当、不足之处恐在所难免，还望各位读者、同行批评指正。我们将永续前行，不断优化与完善。

目录

第一章　寻根觅源　知常达变——建构区概述 …… 1
第一节　建构区的内涵与价值 …… 2
第二节　建构区的研究现状与发展趋势 …… 7
第三节　建构区建设中存在的问题 …… 12
第二章　价值引领　有的放矢——建构区经验价值分析 …… 19
第一节　建构区经验价值概述 …… 20
第二节　小班建构区核心价值与联动价值分析 …… 21
第三节　中班建构区核心价值与联动价值分析 …… 25
第四节　大班建构区核心价值与联动价值分析 …… 31
第三章　系统规划　润物无声——建构区空间规划与环境创设 …… 39
第一节　建构区空间规划与环境创设概述 …… 40
第二节　建构区空间规划与环境创设的策略 …… 50
第三节　建构区空间规划与环境创设案例 …… 57
第四章　循规蹈矩　因势利导——建构区规则制定与标识创设 …… 65
第一节　建构区规则与标识概述 …… 66
第二节　建构区规则制定与标识创设的策略 …… 77
第三节　建构区规则制定与标识创设案例 …… 83
第五章　丰富适宜　动态调整——建构区材料投放 …… 91
第一节　建构区材料投放概述 …… 92

第二节　建构区材料投放的基本要求及实例 …… 97
第三节　建构区材料投放的策略 …… 109
第四节　建构区材料投放案例 …… 113

第六章　观察为基　有效互动——建构区活动实施与指导 …… 125

第一节　建构区活动实施与指导概述 …… 126
第二节　建构区活动实施与指导的策略 …… 130
第三节　建构区活动实施与指导案例 …… 135

第七章　自然联结　融合共生——建构区活动与其他活动融合 …… 145

第一节　建构区活动与主题活动融合 …… 146
第二节　建构区活动与生活活动融合 …… 151
第三节　建构区活动与户外活动融合 …… 156
第四节　建构区活动与教学活动融合 …… 160

主要参考文献 …… 166

后　记 …… 168

第一章 寻根觅源 知常达变

——建构区概述

内容简介

建构区是幼儿开展建构活动的主要场所，因材料和活动过程的特殊性而蕴含多个领域的知识与技能，对幼儿的发展具有独特的教育价值。基于建构区活动的现实背景与研究现状，对其意义进行诠释并深入分析其价值，明确建构区的概念、特征和发展趋势，分析其在环境创设、材料投放、教师指导等方面存在的问题，既能有效地利用建构区活动激发幼儿的发展潜能，也有利于教师通过观察、介入、指导和评价来满足幼儿的建构需求，给予幼儿多样化的帮助和支持。

思维导图

- 建构区概述
  - 建构区的内涵与价值
    - 建构区的内涵
    - 建构区的价值
  - 建构区的研究现状与发展趋势
    - 建构区的研究现状
    - 建构区的发展趋势
  - 建构区建设中存在的问题
    - 建构区环境创设问题
    - 建构区材料投放问题
    - 建构区教师指导问题

第一节 建构区的内涵与价值

一、建构区的内涵

（一）建构区的概念

建构区是幼儿进行结构游戏的场所。结构游戏又称建构游戏，是幼儿期的典型性游戏，也是幼儿园课程的重要组成部分。对于结构游戏的界定，比较有代表性的是瑞士儿童心理学家让·皮亚杰的认知发展理论观点、中国学前教育学先驱黄人颂的观点及苏联教育家亚德什科和索欣的观点。《中国教育百科全书》将结构游戏界定为：幼儿利用积木、沙土、积塑或其他材料进行建造各种结构的娱乐活动。本书在综合多位专家对结构游戏阐述的基础上认为：结构游戏是幼儿创造性游戏之一，是幼儿利用各种材料（如积木、积塑、金属结构材料、沙、雪、泥等）进行建构或构造活动，从而创造性地反映现实生活的游戏。

建构区是利用多种结构材料和辅助材料搭建各种物体，以满足幼儿动手参与需要的，融动手操作、创造想象、审美造型为一体的活动区域。建构区的活动主要包括积木搭建活动、拼棒拼图活动、拼插活动、玩沙玩水活动等。它以观察、想象、创造性思维为基础，是创造性游戏中具有代表性的一种，蕴含着幼儿多个领域发展的知识与技能。

目前，幼儿园中的建构区大致有三种形式，分别是班级建构区、建构专室和户外建构。本书所涉及的建构区特指班级建构区，它与班级其他区域并存，以投放小型建构材料为主。

（二）建构区的特征

建构区作为幼儿园众多区域中的一个，具有鲜明的特殊性。在建构区中，幼儿利用各种结构材料，如积木、积塑、沙土、金属部件、废旧材料等进行建筑、构造的游戏，根据自己的想象、意愿来表现一定事物的形态，如建造房屋、建筑桥梁、铺设铁路、搭建游乐园等。因此，建构区也被誉为“塑造工程师的地方”。

1. 游戏材料具有丰富性和可构造性

建构区本质上是一种开展素材玩具游戏的活动区域。要想让幼儿积极、主动、多样、充分地投入游戏之中，游戏材料须具备品种多样、数量充足，能激发幼儿自主探索的兴趣的特点。目前，幼儿园班级建构区常用的游戏材料主要有积塑类、单元积木类、自然材料类及废旧物品类等，这些材料既可以是购买现成的，也可以是由幼儿收集自制的。丰富的材料是游戏正常开展的保障。

另外，建构区的游戏材料具有可构造性。建构区的游戏材料分为高结构材料、低结构材料和无结构材料三种，其中大多为低结构材料。结构材料是由各种无形象注意的结构元件组成的，这些材料本身是没有意义的零件，但是通过幼儿的操作，改变和调整材料的组合搭配，这些本身不具有任何意义的材料就能聚合为一个有形象意义的整体。例如，各种盒子随意堆在一起，只是一堆零件，通过幼儿的拼搭却能组成房子。

2. 游戏内容具有象征性和自主性

建构游戏源于幼儿的生活经验，但又不是简单意义上对生活的重现，而是幼儿用建构作品来表达自己对生活的体验和对世界的认识，因此建构游戏是一种象征性游戏。幼儿既可以表现现实中的各种物体形态，贴合实际物体的比例、色彩及形状，又可以把自己想象中的物体具体化。虽然建构出的形象比较简单，但它是幼儿对真实物体的模拟和象征。比如，幼儿把积木架空，说它是一座桥；把几块积木组合垒高，说它是一座高塔。有时，对于同一个造型，幼儿刚开始说它是小猫的房子，后来又把它说成是游乐场。这也表明幼儿在进行象征性表达时，会根据自己的想象和创意，随意地进行变换，赋予作品新的含义。

建构游戏的自主性体现在幼儿的游戏行为不受教师的支配。他们可以按照自己的兴趣确定活动主题或内容，自主地选择活动场地和材料，按照自己的想象或思路自由地规划游戏进程；在遇到困难或挑战时，不断尝试自我调整来解决游戏中的难题；游戏结束时，能对自己的想法与行为做出评价。这些都是建构游戏自主性的表现。

3. 游戏过程具有操作性和创造性

建构离不开幼儿的动手操作，正是这种亲手操作的建构过程，让幼儿与材料、环境发生充分互动，创造性地反映自己对周围建筑和造型的印象，进而提升幼儿的建构技能，丰富幼儿的搭建经验。在这一过程中，操作的技巧和构造的能力都非常重要，不仅动作要协调、灵巧、有力度，以便进行垒高、架空、铺平、围合等技能的训练，而且为了使造型牢固、美观，建构时还要考虑对称性、平衡性，否则建构就难以实现。建构的过程就是幼儿动手动脑创造性地再现物体形象的过程。

美国学前教育专家戴维·埃尔金德认为，幼儿一旦掌握了某种教具的使用方法，就可以自由地运用这些材料并自主决定材料的玩法，在方式上显得更有尝试性。在建构游戏的活动过程中，幼儿在现实与想象之间呈现自己的奇思妙想，充满新颖性与独创性。这里的创造性主要体现在：一是材料的使用具有创造性。建构材料形状各异、用途多样，玩法也不受限制，具有很大的想象空间。选用什么颜色及什么形状的游戏材料、建构什么样的物体形状、材料如何搭配等都需要幼儿进行创造性思考。二是主题的表现具有创造性。对于相同的建构主题，不同的幼儿关注点不同，已有的生活经验不同，建构出的作品所呈现的风格也不同。建构行为没有固定的模式，建构过程也无刻板的套路，幼儿跟随自己的内心感受与已有经验，将创造欲望通过动手搭建淋漓尽致地表现出来。三是情感体验和表达交流的过程体现创造性。对于自己的建构作品，幼儿总是会用天马行空的想象来向他人介绍，叙说其独特新颖之处。

4. 建构作品具有造型性和艺术性

建构区的游戏既是一种创造性游戏，也是一种艺术造型活动。各种建构材料都是素材玩具，活动方式是结构造型。幼儿通过对元件的组合，创造出形态各异、或抽象或写实的形象。结构游戏所具有的艺术造型特点，决定了参与游戏的幼儿是直接通过物体的结构造型来表达自己对生活和世界的认识、体验与感受，表现个人内心的盼望和期待、困扰和迷惑、快乐和兴奋，反映大自然和人类构造劳动的美，袒露鲜活的内心世界，发展构造空间、知觉和象征能力的。结构造型和绘画造型一样，都属于艺术活动，只不过绘画造型是平面的，结构造型是立体的。因此，许多国家把结构游戏列入艺术大纲，作为美育的一部分。在建构作品时，幼儿需要运用对物体的颜色、形状、比例、布局等知识和技能，还需要思考作品整体的色彩搭配、对称、协调等因素。通过色彩的搭配、结构的比例调整、形状的大小变化等来建构作品，反映他们对生活中美的感受和对创造美的追求。这是培养幼儿艺术品鉴能力和表现美、创造美能力的一种重要手段。

二、建构区的价值

2012 年，教育部印发《3—6 岁儿童学习与发展指南》（以下简称《指南》），其中说明部分明确提出“儿童的发展是一个整体，要注重领域之间、目标之间的相互渗透和整合，促进幼儿身心全面协调发展，而不应片面追求某一方面或几方面的发展”。建构区作为幼儿开展建构游戏的主要场所，是幼儿园三大创造性活动区域之一，也是幼儿进行个别化学习的重要区域，具有很强的操作性、自主性和创造性的特征。在建构区活动中，幼儿可以自主选择材料、自由选择同伴、自发运用创造想象和创造性思维进行设计与搭建，因此建构区对于幼儿的全面发展具有多方位的价值。

（一）促进幼儿空间造型能力的提升

建构游戏本质上是空间造型游戏，幼儿在建构游戏中能获得大量的空间体验与表征机会，从而提升空间知觉与表征能力，这样的经验为幼儿今后的空间感知、空间表征、空间想象提供了良好的感性基础。有学者通过长期的跟踪研究发现，幼儿园时期，经常玩建构游戏的幼儿今后学习并掌握立体几何知识的能力要高于不玩建构游戏的幼儿。这是因为在建构游戏中，幼儿接触了大量的图形、空间布局等，为其今后学习立体几何知识提供了具象的图像经验。不仅如此，建构游戏还是培养幼儿想象、再造、创造能力的绝佳途径。建构游戏中有大量的平衡、高度、力学、事物间的因果关系和相互影响等物理科学问题，幼儿在利用各种建构材料动手搭建时，对这些问题进行科学探究，进而对科学建构概念的认知和体会更加深刻，这非常符合幼儿的年龄特点。此外，建构游戏还能很好地促进幼儿诸如观察力、想象力、注意力、记忆力、思维力等能力的发展。

（二）促进幼儿对数量及其关系的理解

建构区蕴藏着学习数学的丰富机会，对积木、积塑等各种建构材料进行组合的过程中，会涉及大量的数量关系、科学原理，这对幼儿数学运算能力的发展具有重要的价值。幼儿的学习方式具有直接感知、亲身体验、实际操作的特点，而建构游戏恰恰就具有这三个特点。因此，在建构游戏中学习数学，正符合幼儿数学学习的年龄特点和学习方式。在建构游戏中，幼儿对积木的大小、长短、高低、宽窄、数量等差异有了具体而直接的感知；通过数一数的方式，知道并记录下所搭建的这个物体用到的积木数量；尝试运用测量工具，比如直尺、卷尺、线或积木块来测量所搭建物体的长度、高度；了解几何体的对称、等分、组合、分解、守恒等特征。建构游戏为这些数学问题提供了具体的问题情境和实践练习的机会，能够帮助幼儿掌握数学的运算技巧。

（三）促进幼儿艺术创作的表达

建构游戏是一种立体艺术创作活动，有利于促进幼儿审美能力的发展和艺术创作的表达。在建构过程中，幼儿在欣赏各种各样的艺术作品，感受不同作品在材质、造型、色彩、布局等方面所呈现出的各具特色的结构美学的同时，也获得了艺术想象、创作与表现美的机会，以表达自己对周围世界的感知、理解、想象和情绪体验，释放创造的冲动，这也是幼儿在创造性地展现自己的所见、所闻、所想。在造型中，幼儿不断感知着造型的对称、搭建的平衡、色彩的搭配等美学方面的知识；在欣赏作品时，幼儿感受着自己主体精神的体现，体会到成功的喜悦，从中受到美的熏陶，提高审美能力。此外，幼儿在游戏中不断加深对材料的色彩、形状、大小、空间比例等知识的体会及对组合、堆积、排列等的感性认识。而通过与同伴分享自己的建构作品，幼儿观察的细致性、对美的感受也获得了发展。因此，建构游戏是对幼儿进行艺术教育的良好途径之一。

（四）促进幼儿合作交流的产生

随着幼儿建构能力的发展，建构区中的游戏逐渐从平行游戏过渡到联合游戏，进而开始尝试合作游戏。由于共同的建构主题和建构行为，幼儿慢慢有了自己的朋友，喜欢结交新朋友，有时还会想办法吸引同伴和自己一起建构，学会了分享、讲礼貌、帮助他人、交流及有意义的协作。这些都让幼儿在与同伴的互动游戏中获得了人际交往的愉悦与满足。当然，与同伴协商共同游戏的过程中，难免会出现矛盾和冲突，在处理各种纠纷的过程中，幼儿逐渐意识到别人的想法有时会和自己不一样，能试着倾听和接受不同的意见，不能接受时则会说明理由并坚持自我。建构游戏对于促进幼儿的社会性和情感发展具有非常重要的价值，能很好地帮助幼儿获得与他人交往、合作的良好经验，获得成功的体验，从而建立自信，形成专注、不怕困难、乐于尝试等良好品质。在这一过程中，幼儿对规则的理解、遵守、制定等能力也有了很大的提高。

（五）促进幼儿精细动作的发展

建构游戏是动作游戏。在建构区，幼儿不停地操作各种游戏材料，进行拼插、摆放等各种动作，这为幼儿发展感知运动技能提供了充分的机会，能很好地促进幼儿动作的发展，特别是小肌肉精细动作的发展。首先，幼儿要成功地完成建构作品，必须在对小型结构材料进行抓握、堆放、拼接及整理的过程中不断尝试，只有很好地控制手部的动作，才能达到自己的搭建要求，这为幼儿小肌肉精细动作的发展提供了很好的练习机会。而且，幼儿的感知觉能力，特别是手眼协调能力，也在这一过程中得到了发展。其次，在利用大型结构材料开展建构游戏时，幼儿不仅能很好地锻炼手臂动作、增强手臂力量，还能借助于拼搭好的建构作品进行游戏，这对幼儿大动作的发展起到了促进作用。此外，幼儿对建构游戏有一种天生的喜爱，只要环境、材料合适，他们就有可能自发地玩建构游戏，这使他们的游戏意愿得以实现，从而获得情绪上的满足，并且在游戏中保持积极愉快的情绪。

第二节 建构区的研究现状与发展趋势

一、建构区的研究现状

（一）国内关于建构区的研究

1. 建构区环境创设的相关研究

建构区环境创设主要包括空间规划、橱柜摆放、场地铺设、墙面布置、规则制定、材料投放等内容。创设良好的支持性环境，为幼儿顺利开展建构活动提供前提条件，能最大化发挥建构区的教育功效。国内学者对建构区环境创设的研究主要集中在建构区的空间规划、材料投放等方面。

在空间规划方面，朱家雄等研究发现，建构环境狭窄到一定程度后，幼儿游戏的积极性降低，与同伴的交流合作变少，各种不适宜的行为增多。[1] 其他一些学者也认为，建构区的空间大小直接影响幼儿的建构活动，并提出建构区应设置一定的隔断、分区设置游戏空间。刘焱认为，组织良好的空间是指空间的安排能维持幼儿参与活动的兴趣，区角间有舒畅的行走路线。[2] 陈妍认为，幼儿游戏空间在设计中要有一个目标明确和模式认知的环境氛围，符合儿童的尺寸、考虑到儿童心理发展和选择多样性等方面的内容。[3] 毕晓芬在研究游戏空间密度对幼儿行为的影响时指出，建构游戏的空间密度只有掌握在一个合适的范围内，才会对幼儿的行为产生积极影响，适宜的游戏空间密度应为 2.1~2.5 米^2/人。[4] 张孟对活动区的环境创设现状进行了分析，并对其中反映出来的不足进行了原因分析，得出活动区环境创设的质量与教师的专业能力水平息息相关，幼儿在与教师、环境的互动过程中得到认

[1] 朱家雄，华爱华，张明，等．幼儿园环境与幼儿行为和发展的研究［M］．上海：世界图书出版公司，1996.

[2] 刘焱．儿童游戏通论［M］．北京：北京师范大学出版社，2004.

[3] 陈妍．基于游戏发生原理的儿童户外活动空间研究［D］．南京：南京林业大学，2007.

[4] 毕晓芬．幼儿园玩沙游戏环境创设与幼儿行为的研究［D］．上海：华东师范大学，2008.

知、情绪、情感及社会性等方面的发展的结论。[1]

在材料投放方面，材料是进行游戏的基础，其数量、种类、投放方式等都是制约幼儿游戏的要素，国内学者对此提出了自己的观点。戴文青表示，幼儿的发展水平有限，材料数量过多会对幼儿产生过强的感官刺激，反而不利于幼儿建构和发展。[2] 傅红玲则认为，建构区的材料越丰富越好，教师应该结合班级幼儿的年龄特点，根据幼儿的具体年龄选择不同类型的材料，且不应该局限于积塑和积木，可以加入生活中常见的物品作为建构的补充材料。[3] 华爱华认为，幼儿使用低结构材料更能发挥创造性和想象力去探索未知，促进发散性思维的发展。[4] 吴一丹提出，开展建构活动要有长期的阶段计划，根据计划投放层次性材料，遵循幼儿认知能力的发展规律，由易到难地投放材料；要考虑不同幼儿的能力差别，有针对性地投放不同操作难度的材料，既保证能力优势幼儿的探索创造空间，又保证能力劣势幼儿能按照自己的理解和想象完成操作；还要注意材料间的联系性和配合性，使幼儿在活动时能自主合作、互相帮助、共同提高。[5]

2. 建构区活动指导的相关研究

在建构区活动中，适宜的指导能促进幼儿游戏的开展。教师在指导幼儿开展建构游戏时，可以采用个别指导、分组指导和群体指导等方式，应拒绝消极指导和无效指导，多用积极指导。[6]

关于教师指导侧重点的研究，华爱华认为，教师指导幼儿开展结构游戏的内容主要包括：识别材料的技能（认识大小、形状、槽枢、凹凸、颜色等特征）；结构操作技能（掌握排列组合、接插镶嵌、拼搭连接、穿套编织、黏合造型等方式）；结构分析技能（学会看平面图纸、分析结构范例）等方面。除此之外，她认为教师针对不同年龄段的幼儿指导的内容也应有所侧重和不同。[7] 龙蓁蓁对每个年龄段班级的指导要点进行细分，认为教师在指导建构游戏时，应当依据不同年龄段班级改变指导的侧重点，比如在指导小班时，偏重对安全的指导，到中大班阶段，重视对探索与创造的指导，以促使幼儿的建构能力向更高水平发展。[8]

关于介入指导时机的研究，华爱华研究发现，当幼儿在游戏中出现以下六种情

---

[1] 张孟．建构主义视野下幼儿园活动区环境创设的研究［D］．鞍山：鞍山师范学院，2017.
[2] 戴文青．学习环境的规划与运用［M］．南京：南京师范大学出版社，2005.
[3] 傅红玲．论幼儿园建构游戏的材料投放及有效推进［J］．福建基础教育研究，2015（12）：110-111.
[4] 华爱华．幼儿游戏理论［M］．2版．上海：上海教育出版社，1998.
[5] 吴一丹．巧用低结构材料，衍生无限创造力［J］．农家参谋，2020（11）：193.
[6] 徐晓勤．在幼儿建构游戏中进行有效指导［J］．读与写（教育教学刊），2019，16（12）：229.
[7] 华爱华．幼儿游戏理论［M］．2版．上海：上海教育出版社，1998.
[8] 龙蓁蓁．户外建构游戏中教师指导时机的研究：来自安吉游戏的实践探索［D］．长沙：湖南师范大学，2016.

形时，教师需要介入游戏进行干预：① 当幼儿并不投入自己所构思的游戏想象情境时；② 当幼儿难以与他人沟通互动时；③ 当幼儿一再重复自己原有的游戏行为，进一步延伸和扩展有困难时；④ 当幼儿缺少材料，使游戏难以继续时；⑤ 当幼儿出现游戏技能方面的困难时；⑥ 当游戏中出现负面行为效应时。[1]

关于介入指导方式的研究，丁海东认为，指导方式可分为言语方式和非言语方式。言语的指导方法有建议、评论、描述、询问、提问、重述、讨论等。非言语的指导方法是教师指导幼儿在进行建构游戏时用身体、眼神、手势等肢体语言向其他幼儿传递信息。[2]

（二）国外关于建构区的研究

1. 建构区环境创设的相关研究

建构区活动环境包括物理环境和心理环境两个部分，很多国外研究者都对此概念做过解释和说明。

在空间规划方面，詹姆斯·吉布森认为，在建构活动中，幼儿搭建的作品会随着建构空间的不同而有所不同，当建构空间足够大时，幼儿搭建的作品是比较大的，但当建构空间狭小而有限时，幼儿搭建的作品会随之变得很小。[3] 科里恩·赫特和简·维泽研究发现，当建构游戏人数增多时，消极行为会增多，积极行为会减少。[4] 而贝弗利·法戈特的研究结果却恰恰相反。[5] 威廉·麦克格鲁的研究表明空间密度与幼儿行为无关。[6] 彼得·史密斯和凯文·康诺利在总结前人经验的基础上确定自变量，并对其进行控制后得出：幼儿游戏空间增大，幼儿在游戏中的大活动动作增多。[7]

在材料投放方面，国外有些研究表明，建构材料的种类与幼儿的社会互动相关，有些材料适合几个或者更多的孩子一起玩，有助于幼儿之间有效地进行社会互动；有的则相反，适合单个孩子自己玩，不然容易引发幼儿之间的矛盾与冲突。游戏材料的变化可能会引起游戏内容的变化。詹姆斯·约翰逊等认为，游戏材料的数量与儿童游戏的社会交往水平负相关，统计数据表明，游戏材料的数量越少，越容易引

[1] 华爱华．幼儿游戏理论［M］．2 版．上海：上海教育出版社，1998.

[2] 丁海东．幼儿园游戏组织与指导［M］．长沙：湖南大学出版社，2015.

[3] GIBSON J J. The ecological approach to visual perception［M］. Boston：Houghton Mifflin，1979.

[4] HUTT C，VAIZEY M J. Differential effects of group density on social behavior［J］. Nature，1966，209（5030）：1371-1372.

[5] FAGOT B I. Variations in density：effect on task and social behaviors of preschool children［J］. Developmental Psychology，1977，13（2）：166-167.

[6] MCGREW W C. An ethological study of children's behavior［M］. New York：Academic Press，1972.

[7] SMITH P K，CONNOLLY K J. The ecology of preschool behavior［M］. Cambridge：Cambridge University Press，1980.

发孩子之间的冲突。[1] 玩具数量与幼儿的社会性行为成反比关系，如果玩具数量增多，幼儿的社会性行为就会减少；相反，如果玩具数量减少，幼儿的社会性行为就会增多。[2] 很多国外学者都认为，区域活动材料及辅助材料的数量会影响幼儿区域活动的质量和水平。谢里尔·克兹曼和劳拉·伯克认为，将建构区和娃娃家两个区域打通，可以有效促进两个区域材料的互换互用，有利于促进幼儿开展创造性的组合式游戏，也可以增加男孩和女孩进行合作游戏的机会。[3]

2. 建构区活动指导的相关研究

有国外学者认为，在建构游戏中，教师的引导与帮助一方面可以促使幼儿游戏的顺利进行，另一方面可以给幼儿带来情感上的支持与安全感，所以说教师选择恰当的时机为幼儿提供帮助与指导，可以有效促使幼儿的建构游戏顺利进行。詹姆斯·约翰逊等认为，教师对幼儿活动的介入时机是很重要的，它决定着活动是由教师控制的还是幼儿自主进行的，在以下三种情况下，教师是可以进入游戏对幼儿进行教导的：① 当幼儿并不投入自己所安排的想象或虚构游戏时；② 当幼儿难以与其他小孩一起游戏时；③ 当幼儿进行想象或虚构游戏，却一再重复自己玩过的情节，或者延续下去有困难时。[4] 哈里特·约翰逊认为，幼儿在建构游戏中感受到的乐趣是动手操作带来的，教师要更加关注幼儿游戏的过程，而非仅仅注重对建构成果的评价。所以，教师在指导幼儿进行建构游戏时，要以幼儿的兴趣与需要为导向，使幼儿愿意主动操作建构材料。[5]

二、建构区的发展趋势

随着课程游戏化的深入实施，教师愈加关注和重视建构区游戏及其指导，也更加明确建构区游戏对幼儿发展的重要意义。《幼儿园教育指导纲要（试行）》（以下简称《纲要》）指出："幼儿园的空间、设施、活动材料和常规要求等应有利于引发、支持幼儿的游戏和各种探索活动，有利于引发、支持幼儿与周围环境之间积极的相互作用。"可以预见，未来建构区游戏的开展将越来越科学与规范，幼儿园也会主动克服各种困难，创造条件组织开展符合幼儿发展需要的建构区游戏。

---

[1] 约翰逊，等. 游戏与儿童早期发展（第二版）[M]. 华爱华，郭力平，译. 上海：华东师范大学出版社，2006.

[2] QUILITCH H R，RISLEY T R. The effects of play materials on social play [J]. Journal of Applied Behavior Analysis，1973，6 (4)：573-578.

[3] KINSMAN C A，BERK L E. Joining the block and housekeeping areas：changes in play and social behavior [J]. Young Children，1979，35 (1)：66-79.

[4] JOHNSON J E，CHRISTIE J F，YAWKEY T D. 儿童游戏：游戏发展的理论与实务（第二版）[M]. 吴幸玲，郭静晃，译. 新北：扬智文化事业股份有限公司，2003.

[5] JOHNSON H M. The act of block building [M]. New York：The John Day Company，1933.

虽然建构区游戏的开展受到幼儿园的普遍重视，但在一线教学实践中，仍存在不尽如人意的地方。比如，有的幼儿园认为建构区游戏就是要让幼儿自由地玩，于是忘记了活动的教育目标，放弃教育，放任自流；有的幼儿园为达到特定目的而开展建构区游戏，将建构区游戏教学化，忽视了其自主性的本质特点。此外，建构区游戏时间不充足、建构材料的种类和数量不够、教师缺乏有效指导……种种原因致使有些幼儿园建构区游戏的开展仅有形式而无太大实效。

基于建构区游戏的现实背景与研究现状，建构区游戏的发展趋势是成为以儿童立场为中心，以促进幼儿深度学习为目标，教师更加科学合理地支持幼儿体验，更加科学恰当地评价幼儿发展的游戏，从而让幼儿成为游戏与未来生活的主人。

（一）趋于以儿童立场为中心的建构区游戏

在建构区游戏中，以儿童立场为中心主张将儿童作为独立的个体，尊重儿童，让儿童自由表达并倾听儿童的声音，了解儿童的真实体验。用儿童的眼睛去观察，用儿童的耳朵去倾听，用儿童的大脑去思考，用儿童的兴趣去探寻，用儿童的情感去热爱。[1] 作为幼儿园建构区游戏的指导者，教师可以根据幼儿的实际需要灵活地调整建构区环境，注重幼儿游戏过程中的想法和情感体验，发挥幼儿在建构区游戏中的主体性，从而不断提升建构区游戏的教育价值。

此外，以儿童立场为中心的建构区游戏，还应融入各种与时俱进的创新理念，将幼儿的建构区游戏与幼儿园的文化建设联系起来，探寻其中蕴含的丰富知识，也可以将保护环境、勤俭节约、节能减排、变废为宝等理念悄然渗透其中。

（二）趋于以幼儿深度学习为目标的建构区游戏

一个良好的建构区游戏设计，不仅能让幼儿如同置身于真实的问题情境之中，使幼儿保持高度的学习积极性与主动性，还能激发幼儿独立去构思构建区游戏的主题和内容，并在游戏过程中主动协作，共同完成游戏任务。

北京师范大学教授冯晓霞指出，深度学习是学习者以高级思维的发展和实际问题的解决为目标，以整合的知识为内容，积极主动地、批判性地学习新的知识和思想，并将它们融入原有的知识结构中，且能将已有的知识迁移到新的情境中的一种学习。[2] 在建构区游戏中，幼儿与环境、材料、同伴和教师产生多元互动，游戏情境中产生的各类问题焦点，为幼儿提供更多自主探究、运用经验、思考和创造的空间。通过相互合作、讨论交流、操作探究等过程，帮助幼儿形成良好的学习品质，进而有效地支持幼儿在建构区游戏中的深度学习。

---

[1] 王红飞，王景芝．基于儿童视角的幼儿园建构区研究［J］．幼儿教育（教育科学），2020（6）：16-19.

[2] 转引自陈静，李璐．建构区游戏推开幼儿深度学习的一扇窗［J］．山西教育，2019（3）：22-23.

（三）趋于更加科学合理地支持幼儿体验的建构区游戏

建构区游戏是融操作性强、艺术性高、思维丰富、创造大胆为一体的活动，是幼儿阶段不可或缺的一种体验。幼儿通过利用对称、排列、垒高、架空等方式来呈现作品的美，教师必须结合幼儿的实际情况，为幼儿提供充足的时间、空间及材料，以促进幼儿建构区游戏的开展。

教师要加强建构主义理论的学习，以科学的建构主义理念指导幼儿建构区游戏的开展；要掌握并运用正确的方法支持与指导幼儿建构区游戏的开展，尊重幼儿游戏过程中的需求及学习兴趣；要把握幼儿的身心发展特点及认知规律，重视幼儿的个体差异，对小、中、大班不同年龄段幼儿进行分层次、有针对性的专业指导。

（四）趋于更加科学恰当地评价幼儿发展的建构区游戏

2022 年，教育部印发的《幼儿园保育教育质量评估指南》指出："坚持科学评估。完善评估内容，突出评估重点，改进评估方式，切实扭转'重结果轻过程、重硬件轻内涵、重他评轻自评'等倾向。"这项评估原则对建构区游戏的评价同样具有重要的参考价值。教师要具备科学的评价理念，运用科学的评价手段和评价方法提升评价质量，详细了解幼儿在游戏过程中的表现，包括游戏内容推进、问题解决、策略探究、评价改进等。在游戏过程中和游戏结束时，教师应有意识地引导幼儿对自己的建构情况进行自评、分享，并借助于他评提升自己的能力；要针对教育目标的落实给予肯定，让幼儿体验到建构的乐趣，促进幼儿建构能力的发展；评价所采取的手段要恰当，不要为追求形式而忽略评价的有效性。

第三节 建构区建设中存在的问题

一、建构区环境创设问题

《纲要》指出："环境是重要的教育资源，应通过环境的创设和利用，有效地促进幼儿的发展。"适宜、有效、互动的幼儿园建构区环境是培养幼儿动手操作、交流合作、创造想象、空间知觉能力的伊甸园。如果对环境缺乏合理安排和思考，那么建构区可能只是一个堆满材料的区域。环境作为一种"隐性课程"，在建构区建设中越来越受到大家的重视。然而，在实际的班级建构区环境创设中，还普遍存在地面设置不能满足建构要求、建构区空间拓展不足、环境创设内容与建构主题不符、建构展示区未能合理规划等问题，导致环境不能支持幼儿在建构区获得全面和谐的发展。

（一）地面设置不能满足建构要求

建构区本质上是一个开展动作类游戏的区域，幼儿需要在其中进行丰富的地面建构，因此建构区的地面应宽敞且平整。但是，许多幼儿园由于班级空间格局限制、幼儿人数偏多等，建构区的地面并不能满足幼儿充分活动的需要。由于建构区投放的材料以木制积木居多，在幼儿搭建过程中，积木与地面难免会碰撞发出声音，影响周边区域活动的开展。而且，冬天天气寒冷，地面温度较低，许多教师通过铺设地垫或地毯，为幼儿营造一个温暖、舒适、安静的建构环境，但观察发现，大多数幼儿总是在地垫或地毯的范围内进行搭建，建构的地面范围受地垫或地毯的大小局限。幼儿长期处在较小的地面范围内建构，不利于其想象力和创造力的发展，幼儿呈现的建构作品或小或少，且幼儿在走动或拿取材料过程中常会发生身体碰撞或作品损坏，从而增加了建构区各类矛盾和冲突发生的可能性。

（二）建构区空间拓展不足

建构区环境应是一个能够让幼儿自由发展的空间，教师在创设建构区环境时，除应让游戏场地空间尽可能大一些以外，还应为幼儿创设一个可以随幼儿建构需要自由拓展的空间，从而真正发挥环境教育的功能。尤其在小班建构区，按照幼儿年龄特点投放的建构积木大而轻，当多名幼儿同时搭建时，很快就会占满整个空间，导致幼儿的搭建无法持续深入；有的室内建构区三面围合且柜子是固定的，进区一面又靠近过道，幼儿在进行一些大型、连接式或多个建构时，无法进行空间的拓展、移动和调整，幼儿的建构活动被限制在三面围合的空间里，以致建构内容无法无限延伸。

（三）环境创设内容与建构主题不符

创设一个符合幼儿年龄特点、游戏发展水平、兴趣爱好的建构区环境，对于幼儿自发自主地参与游戏、发展想象力和创造力是十分重要的。现在，幼儿园虽然很重视建构区环境，但创设的环境很大程度上还是以美观丰富为主，往往与建构主题不符，忽略幼儿年龄特点、经验、兴趣，且与幼儿现实生活相距较远，导致环境创设与教育目标不一致。大部分教师为了完成幼儿园布置的环境创设任务，对建构区环境的创设随意性较大，很多时候环境创设与建构主题联系不紧密，环境对幼儿的促进作用并不突出。例如，小班在“可爱的动物”主题下产生了“动物园”建构主题，但教师在建构区墙面上贴满建筑图片和各类常用搭建技巧的内容。尽管建构区展示的图片丰富，地上、柜子上也摆满各种装饰物，但是关于动物园知识、搭建动物园技能的内容未能在建构区环境的创设中得到体现，许多幼儿进入建构区后只是摆弄动物玩具或谈论与动物相关的话题，幼儿建构动物园的经验和技能并没有得到真正的提升，建构区的教育价值不明显。

（四）建构展示区未能合理规划

《纲要》指出："幼儿的创作过程和作品是他们表达自己的认识和情感的重要方式，应支持幼儿富有个性和创造性的表达。"因此，创设一个建构展示区来保存幼儿的建构作品，既是尊重幼儿个体的表现，也是促进幼儿间相互学习的重要方式。但是，通过实地走访了解到，有些幼儿园根本不存在建构展示区，或者仅经过简单摆设将建构展示区设置在一个小小的角落；有些幼儿园不能充分利用墙面、地面等空间合理呈现幼儿的建构作品，幼儿的一些展现搭建技巧或富有想象力的作品没有被很好地保存，这就减少了幼儿接受各种知识或信息刺激的机会，从而影响幼儿在建构活动中进行细致的观察、模仿及视觉空间技能、精细运动技能的发展。

二、建构区材料投放问题

让·皮亚杰提出，儿童的智慧源于材料。为幼儿提供丰富的、符合年龄发展特点的建构材料，能促进幼儿自我学习、自我探索、自我发现和自我完善。幼儿园建构区投放的材料一般有搭建类、插装类、辅助类等，它们推动着幼儿建构能力的发展。但是，在许多幼儿园的建构区，材料的投放存在以下问题。

（一）材料数量和种类不足

材料是建构游戏的物质支撑，有什么样的材料就能开展什么样的游戏。由于各年龄段幼儿的年龄特点及建构目标不同，建构区投放的材料不仅要种类丰富、数量充足，而且实际大小、质地等应满足各年龄段幼儿的建构需求。例如，为小班幼儿提供的建构材料应以软质大积木、环保材料为主，满足他们随意摆弄与搭建需求；中班幼儿开始具备一定的空间知觉能力，为其提供的建构材料应该品种更多、更丰富，以便他们能使用替代物装饰建筑物和丰富游戏场景；大班幼儿建构的自主性、合作性、主题性更强，因此为其提供的建构材料除大量积木以外，辅助材料的种类也应更加丰富。

有些幼儿园受经费制约，或者长期以来对建构区游戏不重视，导致建构区的材料数量很少、品种单一，甚至只有简单的几筐积木或积塑供幼儿进行一些小型的桌面建构，严重影响幼儿进行丰富而有效的建构活动。有些幼儿园即使有一些大中小积木，数量也不是很多，很难满足幼儿的建构需求。

（二）辅助材料过多

在建构区，积木是游戏的主要材料，是游戏开展的物质基础，而丰富多彩的辅助材料或废旧改造材料是游戏的重要支持。辅助材料的投放，一方面可以丰富幼儿的建构内容，另一方面可以帮助幼儿发展游戏情节。教师虽然鼓励幼儿利用不同形状的积木和辅助材料进行造型与装饰，大胆搭建各种创意作品，从而促进幼儿身体动作、认知、语言、社会情绪的发展，但是辅助材料的提供不在于花样繁多，而在于是否能够恰当地服务建构目标。建构区的辅助材料品种过多，往往容易导致幼儿不能专注于建构游戏本身，转而去摆弄辅助材料。

（三）材料种类缺乏层次性

不同年龄段、不同能力水平的幼儿对建构材料的需求是不同的，许多教师虽然知道材料投放要符合幼儿的年龄特点、能力水平，但往往无法真正做到随幼儿发展需求有计划、有层次地投放和调整材料。有的幼儿园在各年龄段幼儿的建构区均投放同种建构材料，这样的材料在材质、大小、难度方面无明显差别，显然是不能满足幼儿的学习需求及体现幼儿的个体差异的，也是没有层次性的。这也反映了教师不了解建构材料的特性，不明确各年龄段幼儿的建构目标，缺乏对建构材料教育功能的研判。

三、建构区教师指导问题

《纲要》指出，“教师应成为幼儿学习活动的支持者、合作者、引导者”，“关注幼儿在活动中的表现和反应，敏感地察觉他们的需要，及时以适当的方式应答，形成合作探究式的师生互动”。在建构区活动中，幼儿受多重因素影响，面临诸多挑战，教师的指导显得尤为重要。教师作为建构区活动的指导者，通过观察、介入、指导和评价来满足幼儿的建构需求，给予幼儿不同的帮助和支持。在实际指导过程中，教师存在的共性问题主要有把握各年龄段幼儿建构目标不准确、关注幼儿建构水平的个体差异不够、支持幼儿建构能力提升的策略不足、针对幼儿游戏的评价方式不多元等。

（一）把握各年龄段幼儿建构目标不准确

建构目标是教师在充分了解幼儿的年龄特点、能力水平和已有经验的基础上，预设的幼儿在建构活动中应获取的有益经验。教师只有掌握幼儿建构游戏发展的规律和各年龄段幼儿建构游戏的水平与特点，才能以此为依据来确定适宜的指导内容和指导方法。因此，教师组织开展建构活动的第一步即明确建构活动的发展目标。这里需要强调的是，教师要关注幼儿建构经验的纵向发展，关注不同年龄段幼儿建构目标的递进和衔接，有针对性、计划性地组织开展建构活动。经调查发现，许多教师对各年龄段幼儿的建构目标缺乏清晰的概念，所以无法有效指导幼儿进行建构游戏，对幼儿提出的建构要求和内容缺乏科学性与目的性。通过对建构区的持续观察发现，有的幼儿常常是把材料柜上的积木一点一点抱着堆到垫子上，然后无目的地摆弄建构材料；有的幼儿进行着推倒、搭建的重复游戏，常常脱离建构主题。当被问到“你搭建的是什么”时，幼儿才会注意到自己的建构作品，并去思考自己搭建的是什么。他们没有明确的目的，只是根据自己的意愿随意搭建。

（二）关注幼儿建构水平的个体差异不够

《纲要》指出：“幼儿园教育应尊重幼儿的人格和权利，尊重幼儿身心发展的规律和学习特点，以游戏为基本活动，保教并重，关注个别差异，促进每个幼儿富有个性的发展。”建构游戏是一种以幼儿为主、教师为辅的活动，幼儿在已有经验、能力、兴趣及性格方面存在差异，幼儿的建构水平也参差不齐。能力较强的幼儿会搭建形状各异的房子，同时运用“围合”“平铺”“架空”等搭建技能，搭建的房子牢固而新颖；能力较弱的幼儿搭建房子时以运用重复垒高和平铺技能为主，搭建的房子容易倒塌。在搭建过程中，往往是建构能力强的幼儿起主导作用，他们决定搭建分工、材料运用，建构能力弱的幼儿往往是自己摆弄材料或听从他人安排。然而，在对实际建构区的观察中发现，由于班级同时开展活动的区域较多，教师基本处于流动状态，所以即使教师始终在观察，分到建构区的时间也是短暂的，这就造成了教师对个别幼儿游戏的观察是片段化、零碎的。教师在频繁来回走动的状态下观察，很容易忽略个别幼儿在建构活动中的情绪、交往、能力、需求及对材料运用的合理性，从而无法在观察的基础上掌握动态、分析问题、准确判断并进行有效指导。

（三）支持幼儿建构能力提升的策略不足

建构区以自主性、开放性、探索性等特征备受幼儿喜爱。如何助力幼儿在建构游戏中实现能力的提升，着实离不开教师多元的指导策略。如今，虽然教师对不同年龄段幼儿所应达到的建构目标逐渐明确，但大多数教师还是缺乏有效的、有针对性的、专业的指导策略。例如，大班幼儿围绕“中国娃”主题趣味盎然地开展搭建各地特色建筑的活动，他们基本上是以平铺、围合、垒高方式呈现，不会运用多种建构材料进行排列与组合、接插与镶嵌等，幼儿建构能力停滞不前，缺乏空间结构感。此外，幼儿大多不擅长制订搭建计划，在搭建过程中常出现建构材料取用不合理、幼儿之间分工不明确等现象，最终呈现的建构作品也缺乏整体性。教师通过观察发现了幼儿的建构兴趣，也看到了幼儿在游戏中存在的困惑和问题，意识到要进行相应的指导，但是由于对幼儿身心发展规律的知识储备不够，对幼儿当前行为表现的分析判断不正确，最终不能采取有效的指导策略。

（四）针对幼儿游戏的评价方式不多元

评价是幼儿游戏的重要组成部分，教师通过评价对游戏进行有效的指导，不断反思和促进游戏教育实施的适宜性、有效性，从而调整和改进游戏，提高游戏质量，促进幼儿发展。由于教师不能明确建构区的价值及其所蕴藏的有益学习经验，教师的评价常常是片面的、流于形式的。教师在评价中不能关注幼儿完整经验的获得，如游戏主题的确定、游戏计划的制订、游戏角色的分工与合作、游戏材料的创造性运用、游戏中的情绪状态、游戏中学习品质的体现、作品表征及美感效果、建构技能的提升等。

客观有效的评价对建构区活动内容的深入及幼儿建构水平的提高起着至关重要的作用。但大部分教师在建构区活动的评价中综合运用多种评价方式的能力有限。在许多幼儿园，经常会出现教师“一言堂”的评价现象。教师一个人滔滔不绝地说，幼儿被动地倾听，这样的评价完全把幼儿置于游戏之外，忽视了幼儿的主体地位。游戏是孩子的游戏，评价也应该是孩子的评价。但由于每次建构区活动结束后，幼儿往往忙于收拾整理建构材料，留给评价的时间很短。除教师简单评价外，同伴互评、幼儿自评的机会很少。

第二章　价值引领　有的放矢

——建构区经验价值分析

内容简介

建构游戏不仅能丰富幼儿的感知经验和主观体验，还能促进幼儿个性全面和谐发展，这些价值统称建构区的经验价值。本章聚焦于现代幼儿园的室内建构区，以表格形式多维度梳理了不同年龄段班级建构区的经验价值，并结合实际案例具体呈现了现代积木建构对幼儿认知、情感、技能等方面的发展所起到的促进作用。

思维导图

- 建构区经验价值分析
  - 建构区经验价值概述
    - 区域经验价值
    - 建构区经验价值
  - 小班建构区核心价值与联动价值分析
    - 小班建构区的核心价值
    - 小班建构区的联动价值
  - 中班建构区核心价值与联动价值分析
    - 中班建构区的核心价值
    - 中班建构区的联动价值
  - 大班建构区核心价值与联动价值分析
    - 大班建构区的核心价值
    - 大班建构区的联动价值

第一节 建构区经验价值概述

一、区域经验价值

幼儿发展效果是评价区域活动质量的主要指标，而幼儿的发展主要体现在经验的增长上，经验对幼儿学习与发展的重要性是教育的一个永恒话题。然而，经验是什么？它有价值判断标准吗？陈鹤琴的“五指活动”理论指出，幼儿的所有生活体验都可以成为幼儿教育的经验。约翰·杜威、让·皮亚杰等经验主义者认为，儿童有了经验以后才能建立起知识体系。《指南》把“经验”确立为幼儿课程的主要内容。经验是知识的一种基本形态，幼儿园课程体系要解决“什么样的经验最有价值”的问题。大量的文献分析与实践研究表明，区域活动的经验价值有一定的范畴，主要包含核心价值和联动价值，分析和研究幼儿区域活动的经验价值具有重要意义。

核心价值是指某区域活动所具有的、区别于其他区域活动的主要的、独特的价值，主要指向该区域活动所关联的领域。比如，美工区核心价值主要指向与艺术领域相关的经验，但并非仅指向单一领域，也可以涉及其他领域的经验，只要这些经验是美工区活动所蕴含的主要的、独特的价值即可，如美工区所涉及的手眼协调、精细动作发展、颜色认知等也指向健康与科学领域。

联动价值是指各区域在一定程度上都具有的对幼儿发展普遍适用的价值（非独特价值）和不是由某区域主要实现的价值（非主要价值）。非独特价值是各区域都具有的经验发展价值，如人际交往、语言交流、情感体验、行为习惯、礼仪规则及好奇好问、认真专注、不怕困难、勇于尝试等品质；非主要价值即某区域涵盖一些经验，但这些经验并不是由该区域主要实现的，也不是主要在该区域活动中实现的。比如，在大班语言区，幼儿统计班级同伴图书阅读情况就涉及数学统计经验，但这一经验并非主要在语言区实现，也不是大班语言区活动所要实现的主要经验。

二、建构区经验价值

建构区经验价值不仅包含幼儿在建构游戏中学习并应用建构材料的属性、稳定性与平衡等方面的知识所获得的独特的价值，而且包含随着建构经验的累积，幼儿可以获得的渗透在学习品质中并作用于其他区域活动的价值。

建构区经验价值是多领域、多方位的，本书在梳理时将“核心价值”与“联动价值”作为划分标准。建构区核心价值是指建构游戏所具有的、区别于其他游戏的主要的、独特的价值；而建构区联动价值是指幼儿不管进行何种游戏，都一定会有感觉、动作、认知、语言、情绪、表达表现和社会性发展的渗透，还会有好奇、兴趣、坚持、专注等学习品质参与其中的价值。

本书尝试将活动与价值联结起来，在尊重幼儿天性的同时，发挥教育目标的导向作用，梳理出建构区的核心价值与联动价值。价值维度主要体现在“数学能力发展”“科学能力发展”“社会情绪发展”“身体动作发展”“语言读写发展”“艺术审美发展”等方面。同时，幼儿的建构技能随着小、中、大班逐步发展，其建构经验也随着年龄的增长不断丰富。

建构区经验价值的梳理，可以帮助教师更好地剖析幼儿的建构行为，建构区经验价值也可以作为教师评估幼儿学习与发展情况的参考依据。

第二节 小班建构区核心价值与联动价值分析

小班幼儿对建构材料的选择比较单一，没有目的性；建构技能简单，以铺平和垒高为主；建构过程易中断，坚持性差，无意注意特征明显，容易被新的刺激物吸引而分散注意力；在建构中无计划性，往往喜欢独自或平行游戏。

一、小班建构区的核心价值

小班建构区的核心价值表现在以下几个方面，如表 2-1 所示。

表 2-1　小班建构区的核心价值一览表

核心价值	具体内容
数学能力发展	1. 初步感受积木的大小、长度、形状等特征，提高识别和描述物体的能力 2. 初步掌握简单的分类方法，能按照积木的一种外部特征（如颜色、形状、大小、高低、长短等）进行分类 3. 初步具备建立图形与空间之间联系的能力，能借助于分割线的提示进行简单的图形组合 4. 能用上下、前后、里外等方位词描述物体的位置，尝试通过平移、旋转进行图形拼搭
科学能力发展	1. 能运用多种感官感知建构材料、辅助材料等的外部特征和明显特征（如软硬、光滑、粗糙等） 2. 能在建构中探索结构性材料，如能发现建构物的性质会影响其运动 3. 能对建构中的物理科学产生兴趣，在建构动作的尝试中进行探究，关注动作所产生的结果（如提供天平、镜子、滑轮、管子等）
社会情绪发展	1. 在成人的带领下参观周边的建筑物，丰富建构经验 2. 能在建构中遵守基本的建构规则，不故意破坏他人的作品 3. 喜欢搭建，能独立进行搭建活动
身体动作发展	1. 通过各种大型积木的搬运和整理，发展大肌肉动作 2. 通过各种小型积木的摆放，发展手指精细动作
语言读写发展	1. 能在建构游戏中运用一定的语言进行交往 2. 能利用图片和搭建技巧示意图进行模仿拼搭 3. 能在同伴面前简单介绍自己作品的名称
艺术审美发展	1. 通过观赏不同形式的建构作品，获得美的感受 2. 激发幼儿的艺术表现兴趣，让幼儿喜欢上用积木拼搭 3. 促使幼儿尝试用简单的线条和色彩绘制设计图

二、小班建构区的联动价值

小班建构区的联动价值表现在以下几个方面，如表 2-2 所示。

表 2-2　小班建构区的联动价值一览表

联动价值	具体内容
数学能力发展	1. 感知和发现周围物体的形状是多种多样的，对不同的形状产生兴趣 2. 感知和发现生活中很多地方都会用到数 3. 感知和区分各类物体的大小、多少、高矮、长短等量方面的特点，并学习用相应的词语来描述 4. 学习通过一一对应的方法比较两组物体的多少 5. 学习手口一致地点数 5 以内的物体，并能说出总数，学会按数取物 6. 学会用数词描绘事物或动作，如“我有 4 块拱形积木” 7. 根据标记将相同的物体集中在一起，进行简单的分类

续表

联动价值	具体内容
科学能力发展	1. 能初步感知和体会推拉或其他动作可以改变物体的位置和运动状态 2. 对机械产生兴趣，能尝试使用简单的机械 3. 能对观察的事物和现象进行积极的思考，对观察结果提出问题 4. 能在建构中提出问题，并进行大胆尝试，探索简单的因果关系 5. 能感知建构过程中产生的对称、几何图形等形状特征 6. 能初步尝试进行比较和测量，并乐意用语言表达 7. 能初步了解一些浅显的生命科学知识（如搭建小动物的家、笼子等） 8. 能对建构中的主材料、辅助材料、学习材料等产生兴趣 9. 能初步了解地球与环境（沙石、贝壳、树枝等自然材料的投入使用）
社会情绪发展	1. 在各类建构游戏中发展初步的社会交往能力，如能和其他幼儿一起游戏，初步懂得与人分享、尊重他人的想法，结束时能与同伴共同整理游戏材料 2. 在各类建构游戏中发展沟通能力，如遇到问题能寻求成人的帮助 3. 在各类建构游戏中培养游戏兴趣、树立规则意识，学会爱护游戏材料、尊重他人的作品，不破坏他人的作品、不独占游戏材料等 4. 乐意承担一些建构小任务，对自己完成建构作品感到高兴，获得成就感，并愿意与他人分享 5. 通过各类建构游戏，初步培养和提升专注力 6. 能按照自己的兴趣进行活动，快乐进行建构活动，培养自主能力
身体动作发展	1. 发展身体动作 2. 发展手眼协调能力 3. 能在搭建过程中避让各种建筑物倒塌，发展身体灵活性 4. 能在较热或较冷的天气进行户外建构活动
语言读写发展	1. 能对感兴趣的活动保持一段时间的注意力 2. 愿意与同伴共同游戏，参与同伴游戏时能友好地提出请求 3. 能在游戏中根据规则使用语言 4. 会看图画、作品，能根据图画、作品说出有什么、发生了什么等 5. 对很多建筑物和现象感兴趣，并能提出问题 6. 能简单说说建筑物的大小等外部特征 7. 愿意在建构游戏中表达自己的需要和想法，必要时能配以手势动作 8. 了解建构中的一些基本词汇，知道横竖所代表的含义
艺术审美发展	1. 有助于幼儿艺术表现能力的提升，能通过观察表现实物 2. 愿意参加艺术建构活动，在建构活动中快乐自主，能感受建筑美 3. 喜欢欣赏各种各样的建筑物和艺术作品，激发幼儿的好奇心 4. 通过欣赏建筑物和艺术作品，提高幼儿观察的细致性 5. 促进艺术表现能力与创造能力的发展，能用积木简单表现大自然的事物和生活场景

案例：小动物的家（小班）

案例背景：

一次在观看动画片时，孩子们对其中可爱的小兔子产生了浓厚的喜爱之情。恰逢“可爱的动物”主题活动开展，孩子们在周末对身边的小动物进行了调查，在回顾调查表的过程中，孩子们对小兔子表现出很大的兴趣，并通过投票选出了他们最想饲养的小动物——小兔子。随后，在孩子和老师的共同努力下，一只小兔子被请到了班级里，孩子们对小兔子的到来感到十分兴奋，他们激动地讨论着如何为小兔子搭建一个家。在老师适当的引导下，孩子们决定先在建构区尝试一下。

活动过程：

孩子们来到建构区，一共有音音、楚楚、溪溪和宸宸4个孩子。刚才的讨论让他们快速进入游戏状态，楚楚、溪溪、宸宸拿了许多木制积木，而音音选择了一些彩色泡沫积木。楚楚拿了一块长长的积木在地毯上滑行，嘴里发出“咻咻”的声音。宸宸尝试让长条积木站立起来，但他失败了，积木倒下后，他又再次进行尝试，经过4次尝试，最终他将4块长条积木竖了起来，并配合手指，嘴里数着“1、2、3、4”。另外一边，溪溪拿了小块的半圆形积木，将半圆的一侧放在地毯上，积木晃动了起来。她笑着看向老师，并没有说话，而是又取来了一块半圆形积木，再次观察积木的晃动，接下来重复了这一个动作五六次，最后抬头对老师说道：“老师，你看，这是小兔子的摇篮。”老师称赞她道：“你的想象力很丰富。”

老师把目光转向建构区的另一侧，那里是泡沫积木堆放的一侧。音音选择了彩色泡沫积木进行游戏。她将长方形、半圆形泡沫积木分成两处堆在地面上，自己则藏到了两处材料的中间。此时，溪溪走过来，问音音：“你是一只小兔子躲在家里吗？”音音回答道：“没错。老师，你看我躲在家里呢。”老师回答音音道：“你真棒。那你可以让你的家有窗户和屋顶吗？”楚楚、宸宸也走了过来，他们同音音、溪溪一同寻找“窗户”。宸宸摊着手对老师说：“可是没有做窗户的材料啊。”老师指着装材料的塑料框说：“你们可以把这个用起来吗？”音音大声地说：“我有办法。”音音先是把一个网状的塑料筐放在前方的空隙处，然后把另一个塑料筐放在自己的头上说：“这样子小兔子的家就有窗户和屋顶了。”溪溪拍起了手说：“这样的屋子可以让小兔子呼吸！”在随后的几次活动中，宸宸、楚楚、溪溪也都选择了泡沫积木，他们通过组合搭建出了很多不同的建筑物。溪溪对宸宸说：“我搭的是一个基地，像一个家，我等一会儿要进去躲在里面。”宸宸说：“我搭的长方形是一堵墙，它是我自己做的。”

价值分析：

在建构小兔子的家时，老师为幼儿提供了木制积木和大块的彩色泡沫积木，从楚楚、溪溪、宸宸的行为中可以看出，刚开始孩子们的兴趣还没有那么浓厚。而从“楚楚拿了一块长长的积木在地毯上滑行，嘴里发出‘咻咻’的声音”可以看到，孩子对建构区中积木的物理特性（光滑、粗糙）产生了兴趣，并开始探索；在仅有木制积木的情况下，溪溪也在探寻着积木形状（半圆形）所带来的物理特性。【参考建构核心价值中的科学能力发展：1. 能运用多种感官感知建构材料、辅助材料等的外部特征和明显特征（如软硬、光滑、粗糙等）。】在建构区特有的核心价值之外，从宸宸对4块积木的摆放和点数中可以看到，孩子的数学能力在建构区游戏中得到了发展。【参考建构区联动价值中的数学能力发展：6. 学会用数词描绘事物或动作，如“我有4块拱形积木”。】

随着游戏的进行，音音对泡沫积木的使用让其他孩子对建构游戏产生了更大的兴趣，大块的泡沫积木对于孩子们的大肌肉动作发展有所助益。【参考建构区联动价值中的身体动作发展：1. 发展身体动作。】更多的孩子加入游戏的探索和思考之中，从“楚楚、宸宸也走了过来，他们同音音、溪溪一同寻找‘窗户’。宸宸摊着手对老师说：‘可是没有做窗户的材料啊。’老师指着装材料的塑料框说：‘你们可以把这个用起来吗？’音音大声地说：‘我有办法。’”中可以看到，孩子们初步展现出一同游戏的意向。【参考建构区联动价值中的社会情绪发展：1. 在各类建构游戏中发展初步的社会交往能力，如能和其他幼儿一起游戏，初步懂得与人分享、尊重他人的想法，结束时能与同伴共同整理游戏材料；3. 在各类建构游戏中培养游戏兴趣、树立规则意识，学会爱护游戏材料、尊重他人的作品，不破坏他人的作品、不独占游戏材料等。】在这个过程中，孩子们的建构兴趣再次被激发，建构的作品也慢慢由单一作品变成系列作品，他们根据自己的兴趣进行活动，而非漫无目的地搭建。

孩子们在此次建构活动中获得了多方面的发展和经验。虽然小班的孩子还难以进行精细的搭建和改造，但是他们对建构区中特定材料的探索能明确地表现建构区核心价值的作用，以及在社会情绪方面所展现出的联动价值，为孩子们的全面发展提供了非常好的契机。

（案例提供：吴江区同里幼儿园　张彦超）

第三节　中班建构区核心价值与联动价值分析

中班幼儿已具备一定的建构水平，手部小肌肉动作逐渐发展；想象能力、思维能力有所增强，生活经验也有所增加；建构的目的性逐渐明确，坚持性也逐步增强；能初步通过各种建构方式对物体进行再现和创作；在建构游戏中尝试与同伴交往，以联合游戏为主。

一、中班建构区的核心价值

中班建构区的核心价值表现在以下几个方面，如表2-3所示。

表 2-3　中班建构区的核心价值一览表

核心价值	具体内容
数学能力发展	1. 感知积木的大小、长短、高低、粗细差异，发展对 7 块以内不同积木的排序能力 2. 感知和发现常见几何图形的特征，认识并命名图形 3. 能对常见的几何图形进行分类，并初步认识平面图形的各种变式 4. 不用借助于分割线的提示，掌握进行简单的几何图形组合与分解的技能 5. 能用上下、前后、里外、中间、旁边等方位词描述物体的位置和运动方向，促进空间感知能力的提升 6. 有意识地通过平移、旋转和翻转进行图形拼搭，探索图形、常见物品中简单的对称关系，促进空间视觉化的发展 7. 能用积木首尾相接的方式进行长度的自然测量 8. 能用单位面积覆盖的方式体验面积和面积测量的意义
科学能力发展	1. 能利用简单的工具，有顺序地观察事物的特征，收集更多有关建构材料、辅助材料、学习材料等的细节性信息并进行比较，发现异同 2. 能动手动脑探索物体和材料，利用各种材料进行有目的的建构 3. 能根据建构材料的特性区分物体 4. 乐于探索建筑物的对称、平衡、形状等形态结构特征，并根据形态结构特征拼搭出相应的造型 5. 能感知物体的形态结构特征，画出或拼搭出物体的造型，在拼搭的过程中发现物体的性质和用途
社会情绪发展	1. 与同伴共同建构，感受合作游戏的乐趣 2. 通过欣赏不同的建筑物，了解建筑物的构成，建构具有一定难度的建筑物，感受经过努力获得成功的成就感 3. 能与同伴共同搭建同一主题的作品，在搭建过程中有协商 4. 能理解、欣赏他人的建构作品
身体动作发展	1. 在对小型结构材料不停地抓握、堆放、拼接及整理的过程中锻炼小肌肉动作，发展手眼协调能力 2. 在对大型结构材料搬运、搭建的过程中，促进大肌肉动作的协调发展 3. 在搭建物体过程中，促进平衡感的形成
语言读写发展	1. 能理解建构游戏中大多数专用词汇，明白垒高、平铺、围封、架空、组合等词语的含义 2. 能进一步利用图片和搭建技巧示意图进行拼搭，并加以简单创造 3. 能用较为简单的语言介绍自己的建构作品，大胆与同伴交流想法
艺术审美发展	1. 通过欣赏建筑，发现和感受建筑的对称美、颜色美、形态美 2. 能在搭建过程中表现自己对建筑美的感受，促进艺术表现能力的发展 3. 能在欣赏建构作品时产生相应的联想，激发创造力

二、中班建构区的联动价值

中班建构区的联动价值表现在以下几个方面，如表 2-4 所示。

表 2-4 中班建构区的联动价值一览表

联动价值	具体内容
数学能力发展	1. 学习按物体内部特征或数量关系进行分类 2. 感知和体会有些事物可以用形状来描述 3. 感知和体会有些事物可以用数字来描述，对环境中各类数字的含义有进一步探究的兴趣 4. 感知和区分各类物体的粗细、厚薄、轻重等量方面的特点，并学习用相应的词语来描述 5. 学习通过数一数比较两组物体的多少 6. 通过游戏中的实际操作理解数之间的关系 7. 学会用数词描述事物的排列顺序和位置
科学能力发展	1. 能感知相似建构材料的长短、厚薄、大小等方面的差别对建筑造型产生的影响 2. 能感知建构材料中常见的几何图形，并进行分类摆放 3. 能根据自己的需要，安全使用简单的机械 4. 能在建构中根据自己的观察结果提出问题，并大胆猜测答案，探索因果关系 5. 会做比较与测量，并用语言进行相关表达 6. 能对建构中的物理科学进行初步探索（如提供天平、镜子、滑轮、管子等） 7. 能进一步了解生命科学方面的知识（如搭建动物园、农场等） 8. 能进一步了解地球与环境方面的知识
社会情绪发展	1. 能通过换位思考、礼让等方式解决建构游戏中出现的矛盾，学习理解他人的想法和感受 2. 在游戏中学习理解规则，并在游戏中遵守规则 3. 通过各类建构游戏，培养勇于面对困难、努力完成任务、敢于探究与尝试多种搭建方式等良好的学习品质 3. 在游戏中学习运用简单的交往技巧加入同伴的游戏，发展与同伴分享、合作等方面的能力 4. 积极参加建构活动，在活动中能自主选择主题，提高自主能力 5. 在游戏中经常保持愉快、稳定的情绪，能在较短的时间内缓解消极情绪 6. 在游戏中愿意倾听和接纳同伴的意见与建议 7. 在游戏中能按照自己的想法进行活动，在建构活动中快乐、自主 8. 遇到困难时，在鼓励下能继续进行活动
身体动作发展	1. 提供发展感知动作技能的机会 2. 培养手眼协调和手脑并用的能力 3. 发展良好的学习品质：坚持性、专注力等 4. 进一步发展身体动作 5. 在户外建构游戏中，能在较热或较冷的天气坚持户外活动半小时左右
语言读写发展	1. 喜欢承担一些建构小任务，并尝试做简单的计划 2. 尝试运用游戏规则创编新的游戏内容 3. 能根据连续画面提供的信息，大致说出图书的主要内容 4. 喜欢接触新事物，对新奇建筑物充满好奇，喜欢提问，并能用自己的语言描述 5. 能与同伴交流自己对建筑物特点的看法 6. 能在建构游戏中主动使用礼貌用语，表达自己的需求 7. 能在活动过程中清楚地表达自己的想法、表达自己的情绪、协商交流解决出现的问题及表达自己对作品的欣赏

续表

联动价值	具体内容
艺术审美发展	1. 有助于幼儿大小肌肉动作和手眼协调能力的发展 2. 让幼儿在欣赏自己喜欢的建筑物的同时，培养专注力 3. 激发幼儿在欣赏建构作品的过程中积极表达情绪 4. 促使幼儿将观察到的事物及相应的想象以绘画、手工等艺术形式或积木搭建形式表现出来 5. 能提高幼儿的创造力，让幼儿结合自己的能力，对生活中观察和了解到的事物进行新的创作 6. 发展想象力和创造力

案例：我们的城堡（中班）

案例背景：

在欣赏世界各地知名建筑的图片时，孩子们对城堡这种独特的建筑很感兴趣，他们觉得城堡是一个非常神秘而又厉害的地方。甚至有的孩子还分享了自己和爸爸妈妈一起去迪士尼的经历，在那里他见到过真正的城堡。随后，在对刚刚欣赏的建筑进行自由绘画时，不少孩子都不约而同地画出了他们心中的城堡。最后，孩子们决定在建构区尝试搭建出他们自己的城堡。

活动过程：

孩子们来到建构区，一共有轩轩、钱宝、雅雅和玥玥 4 个孩子。通过之前的欣赏和绘画活动，孩子们都对城堡有了一定的认识和经验。只见他们每个人都不停地去材料库搬东西回来，很快就把地上堆得满满的，散落的积木到处都是，大家连下脚的地方都没有了。

这时，玥玥大声说道："这也太多了，大家都不要去拿了，放不下了！"钱宝说："是啊，地上乱七八糟的，我们把它们理一理吧！"轩轩说："对，我们理一理，就按积木的大小和形状把它们都放放好。"于是，孩子们开始整理积木，有人按积木的大小整理，有人按积木的形状整理，很快建构区又空出了很大的空间，孩子们开始着手搭建城堡了。

散落的积木

材料的整理

没过一会儿，孩子们就产生了分歧，有人觉得这块积木应该这样放，有人觉得应该那样放。“4个人搭建一座城堡，太挤了，我们俩一起搭一座，你们俩一起搭一座，不就好了吗?”雅雅站起来说道。大家觉得雅雅说得很有道理，于是孩子们分成了两组，轩轩和钱宝一组，雅雅和玥玥一组。

在搭建过程中，轩轩和钱宝的城堡总是倒塌，而雅雅和玥玥的城堡已经搭得又高又大。轩轩在观察了隔壁的城堡后，回来对钱宝说：“我知道了！是我们的积木没有放好，我们应该把大的积木放在下面，把小的积木叠在上面，这样城堡就不那么容易倒塌了。”“好，那我们快重新搭一下吧!”钱宝说。终于，两边的城堡都搭起来了。

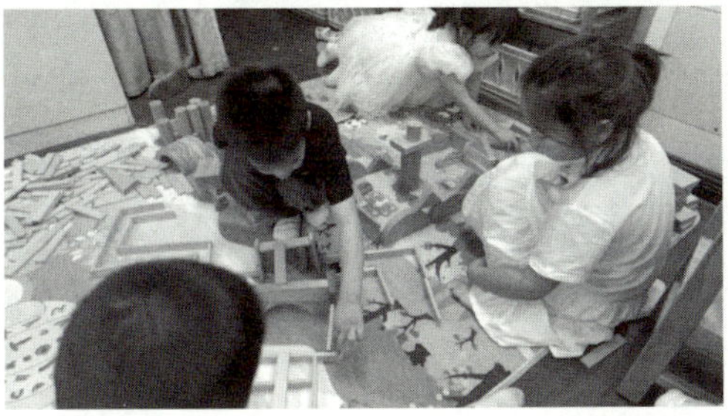

分组搭建

重新搭建

这时，玥玥说：“我们在两座城堡中间修条路吧，这样我们就能去你们的城堡做客了!”“好呀好呀!”大家都很赞同。小路修好后，孩子们又找来了一些辅助材料，有小树、小草、小汽车和一些小动物。孩子们把这些辅助材料摆放在城堡和小路的边上。“哇！这也太美了!”雅雅欣赏着完成的作品，发出了感叹。

正当大家沉浸在成功的喜悦中时，钱宝一不小心把雅雅和玥玥的城堡碰倒了。看到自己辛辛苦苦搭建的城堡倒了，雅雅马上就哇哇大哭起来，钱宝见此赶紧向雅雅道歉：“对不起，雅雅别哭了，我不是故意的，我错了。”另一边的轩轩看到雅雅在大哭也过来帮忙，他说：“是啊，没关系的，我们一起把这个坏了的城堡修好，好不好?”“好吧，那也只好这样了。”雅雅和玥玥齐声说道。

铺上道路的城堡

于是，孩子们开始合作维修城堡，他们有人去找积木，有人摆放积木，还有人去搬运几块长条积木，说是要把城堡围起来、保护起来，这样以后城堡就不会那么容易被人碰倒了。

价值分析：

在建构城堡的过程中，一开始孩子们遇到了两次“危机”，一次是大家材料拿得太多了，另一次是4个人一起搭建一座城堡时出现了意见不统一的情况，但孩子们并没有被这两次“危机”打倒。他们大胆地提出了意见和解决方法，能够通过换位思考、礼让等方式解决建构中出现的矛盾，在游戏中也愿意倾听和接纳同伴的意见与建议，可以看到在建构区中孩子们的社会情绪发展和语言发展，这是建构区联动价值的体现。【参考建构区联动价值中的社会情绪发展：1. 能通过换位思考、礼让等方式解决建构游戏中出现的矛盾，学习理解他人的想法和感受；3. 通过各类建构游戏，培养勇于面对困难、努力完成任务、敢于探究与尝试多种搭建方式等良好的学习品质；6. 在游戏中愿意倾听和接纳同伴的意见与建议。】

无论是孩子们在搭建前按照积木的大小和形状来分类，还是在搭建中轩轩发现他们的城堡总是倒塌的秘密，抑或是连接两座城堡的小路和其他辅助材料的装饰等，都体现了建构区特有的核心价值，可以帮助孩子们发展数学能力和科学能力。【参考建构区核心价值中的数学能力发展：3. 能对常见的几何图形进行分类，并初步认识平面图形的各种变式。参考建构区核心价值中的科学能力发展：1. 能利用简单的工具，有顺序地观察事物的特征，收集更多有关建构材料、辅助材料、学习材料等的细节性信息并进行比较，发现异同。】

作品完成后又发生了一个小插曲——钱宝一不小心把雅雅和玥玥的城堡给弄坏了。雅雅难过地大哭了起来，大家安慰和关心雅雅，还提出了解决办法，可以看到孩子们身上的同伴意识和合作游戏精神，这也是建构区联动价值的体现。【参考建构区联动价值中的社会情绪发展：2. 在游戏中学习理解规则，并在游戏中遵守规则；5. 在游戏中经常保持愉快、稳定的情绪，能在较短的时间内缓解消极情绪。】

最后，孩子们完成作品，欣赏并向同伴描述其中的奥秘。整个活动不仅让孩子们很好地感知到了建筑的美，培养了他们手眼协调和手脑并用的能力，还充分发挥了孩子们的想象力、创造力，包含了很多方面的发展和经验价值。虽然中班的孩子还不能搭建出很复杂、精美的建筑，但他们对建构区中材料的探索、同伴间的合作都能明确地表现建构区核心价值的作用，以及在社会情绪方面所展现出的联动价值，为孩子们的全面发展提供了非常好的契机。【参考建构区核心价值中的艺术审美发展：2. 能在搭建过程中表现自己对建筑美的感受，促进艺术表现能力的发展。参考建构区联动价值中的身体动作发展：2. 培养手眼协调和手脑并用的能力；3. 发展良好的学习品质：坚持性、专注力等。】

（案例提供：吴江区同里幼儿园　计方翔）

第四节　大班建构区核心价值与联动价值分析

大班幼儿建构的目的性、计划性、持续性增强，能合作选取丰富的材料进行建构，能综合运用各种建构技能（如平铺、垒高、架空、围合、封顶、对称、转向、穿越等）；在建构中会产生不同的主题，有游戏情节的发展，能在搭建前商讨，并在建构中分工与合作，以合作游戏为主。

一、大班建构区的核心价值

大班建构区的核心价值表现在以下几个方面，如表 2-5 所示。

表 2-5　大班建构区的核心价值一览表

核心价值	具体内容
数学能力发展	1. 感知积木的大小、长短、高低、粗细、厚薄、宽窄等差异，提升对 10 块以内不同积木进行“正向排序”和“逆向排序”的能力 2. 能认识并命名球体、正方体、圆柱体，认识长方体、正方体的面，理解图形的对称性并学习等分图形 3. 能用图形及图形组合进行较为复杂的组合与分解，提升对组合替代关系的理解力 4. 通过图形拼搭时有意识地预期旋转和翻转的结果，理解简单示意图中的空间关系，理解并重现观察三维物体的不同视角，促进空间视觉化的发展 5. 用积木进行长度的自然测量，理解测量同一长度时积木的长短与所需积木数量之间的相反关系 6. 通过单位体积（立方体）填充的方式体验体积和体积测量的意义，促进空间测量能力的发展 7. 能按语言指示或根据简单示意图将建构材料摆放到正确的空间位置与方位
科学能力发展	1. 能通过长期系统地观察、利用工具等方式探寻建构材料、建构物等的运动和变化，并发现其变化规律 2. 能通过前期走访调查、画设计图等方式选择合适的工具和材料，运用多种材料进行有目的的建构 3. 能进一步感知建构材料、建构作品、实体建筑等的结构与功能之间存在的关系 4. 能运用常见的对称形体、几何形体等造型有创意地设计并拼搭出建筑造型 5. 能通过观察、比较与分析发现并描述不同建构材料的特征、属性、稳定性和平衡等
社会情绪发展	1. 实地参观并感知本土建筑、园林建筑等建筑特色，通过采访等方式了解建筑的历史文化 2. 萌发搭建本土特色建筑、园林建筑等后的自豪感 3. 能友好协商建构主题和建构方案，大家分工合作完成建构作品 4. 愿意与同伴分享建构的乐趣

续表

核心价值	具体内容
身体动作发展	1. 在对建构材料进行平铺、垒高、架空、围合、组合、连接等操作的过程中，促进幼儿小肌肉动作和手眼协调能力的发展 2. 能在搭建的大型建筑物上保持平衡并进行攀爬
语言读写发展	1. 能与同伴讨论建筑物的细节特征 2. 学习和积累大量建构材料的形状、颜色、质量、长短、数量等客体性质的词语，为语言文字学习打下基础 3. 愿意用图画和符号表现建构游戏的主题或内容
艺术审美发展	1. 在欣赏不同风格的建构物（如园林、名胜古迹等人文景观）时，获得美的感受 2. 在建构过程中创造性地表现自己的所见、所闻、所想，提升艺术表现能力和创造能力 3. 尝试用较丰富的线条和色彩绘制设计图

二、大班建构区的联动价值

大班建构区的联动价值表现在以下几个方面，如表 2-6 所示。

表 2-6　大班建构区的联动价值一览表

联动价值	具体内容
数学能力发展	1. 能运用数学规律、数学知识进行分类、排序、分解和重组等，提高解决问题的能力和培养坚持不懈的学习品质 2. 通过各类建构游戏，能发现事物的简单排列规律，并尝试创造新的排列规律 3. 发现建构活动中许多问题都可以用数学方法来解决，体验解决问题的乐趣 4. 在各类建构游戏中初步理解量的相对性 5. 借助于各类建构游戏中的实际情境及操作，理解“加”和“减”的实际意义 6. 通过游戏中的实物操作或其他方法学习进行 10 以内的加减运算 7. 学会用简单的记录表、统计图等表示简单的数量关系 8. 初步学习对物体进行多个角度的分类
科学能力发展	1. 能与同伴一起制订活动计划，并按照计划开展活动 2. 能按照简单的示意图对建构材料进行摆放和排列 3. 能在建构中探索各种机械，发现机械的作用 4. 能用一定的方法验证自己的猜测，发现建筑物各个部分之间明显的关联，探索较为复杂的因果关系 5. 会用多种方式进行比较与测量，并制作简单的统计表 6. 能进一步探索建构中的物理科学（如提供天平、镜子、滑轮、管子等） 7. 能深入了解生命科学方面的知识 8. 能深入了解地球与环境方面的知识（如提供电线和管子探索电和水是如何通入家中的等）

续表

联动价值	具体内容
社会情绪发展	1. 在游戏中发展社会交往能力，如遇到问题时与同伴协商解决的能力、与同伴相互帮助和合作的能力等 2. 在游戏中逐渐理解规则的意义，学会制定游戏规则 3. 培养良好的学习品质，如积极主动、坚持不懈、认真专注、不怕困难等 4. 爱惜建构材料，体验完成任务后的喜悦之情，发展健康的心理情绪、情感及态度 5. 在游戏中学习大胆清楚地表达自己的想法和情绪，敢于坚持自己的想法，学习与同伴协商交流建构过程中出现的问题及解决的办法等，发展自尊、自信、自主的能力 6. 在各类建构游戏中，学会关注他人的情绪，能照顾他人的情绪并在他人需要时给予力所能及的帮助 7. 在游戏中能经常保持愉快、稳定的情绪，能用适当的方式表达情绪，不随意发脾气，能自我缓解消极情绪 8. 在建构中能主动发起活动或在活动中出主意、想办法，增强自主性 9. 遇到困难时能多次尝试，不轻易放弃，直到任务完成，敢于尝试有一定挑战性的任务，能设法努力完成自己接受的任务
身体动作发展	1. 会踮着脚走路、开步走，能随时停下来、改变方向并避开障碍物，有助于平衡能力和应变能力的发展 2. 能使用简单的工具画出想要建构的主题，锻炼手的灵活协调性 3. 锻炼手臂力量，提高耐力 4. 学习使用锤子、榔头等辅助工具 5. 能在较热或较冷的户外环境中连续活动半小时以上
语言读写发展	1. 遇到问题时能向他人询问，遇到困难时能向他人寻求帮助 2. 愿意与大家分享交流高兴的或有趣的事 3. 能完整理解并快速运用游戏规则 4. 能说出自己对看过的图书的看法 5. 在建构中会主动追问和探索自己感兴趣的问题 6. 在建构中能结合情境，用一些因果、假设等结构相对复杂的句子来表明自己的想法和需求 7. 在建构中能注意倾听教师或同伴的想法 8. 能根据建构设计图及建构作品创编建构故事
艺术审美发展	1. 促进想象力的发展，支持独特和多元的回应，丰富看问题的方式 2. 促进发散思维的发展 3. 在学习与讨论自己和同伴的艺术作品时，发展视觉感知或视觉思维 4. 激发为建构活动选择、制作、搭配简单道具的愿望 5. 提高发现美的能力，乐于与他人分享美的事物 6. 参加艺术欣赏活动时，能通过表情、动作、语言等表达自己对作品的理解 7. 激发运用多种工具、材料和表现形式表达观察到的事物、自己的感受与想象的兴趣和欲望 8. 通过参加艺术欣赏、绘画、手工等活动，激发对建构的兴趣 9. 促进艺术表现能力和创造能力的发展，能用积木较丰富地表现大自然的事物和生活场景

案例：我们的幼儿园（大班）

尝试画出幼儿园的整体轮廓

案例背景：

一次午间散步时，彤彤说："我妈妈说我们再过几个月就要上小学了。"辰辰说："是啊，以后我们不能骑幼儿园的小车了，也不能再玩这里有趣的大型玩具了。"轩轩接着说："我最喜欢的水池、沙池以后也不能再来玩了。"孩子们你一言我一语地谈论着，一个个脸上都流露出了对幼儿园的依依不舍。这时，轩轩大声说："我想把我们漂亮的幼儿园用积木搭出来。"彤彤和辰辰赞同地说道："我和你一起搭建我们的幼儿园吧！"于是，孩子们与幼儿园的故事就此拉开了序幕。

活动过程：

1. 幼儿园是什么形状的呢？

彤彤、辰辰和轩轩在建构区激烈地争论起来。彤彤说："我们应该围成一个大圆圈。"辰辰说："你说得不对，我们的幼儿园是一个大正方形。""我怎么感觉应该是长方形呢？"轩轩接着说。三个孩子的争论引来了一大群孩子。孩子们各持己见，对"幼儿园整体轮廓的形状"产生了分歧，也产生了浓厚的兴趣。老师对孩子们的猜测进行了统计。为了验证猜测，孩子们想出了各种各样的好方法，最终大家一致赞成选择最可行的方法：去外面贴着幼儿园的围墙慢慢地走一走、看一看，感受一下幼儿园的整体轮廓。当孩子们走到种植地的时候，耀耀指着围墙兴奋地对大家说："你们看围墙到这里开始拐弯了，不再是直直的了。"轩轩低着头说："那我猜是长方形肯定错了。"悦悦说："你们猜圆形和椭圆形也不对，幼儿园的围墙不是弯弯的。"……回到活动室后，孩子们通过回忆和讨论最终把幼儿园的轮廓图大致画了出来。

幼儿园整体轮廓的形状	支持人数
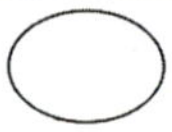	8
	5
	6
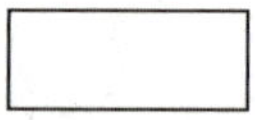	15
不知道	7

对幼儿园整体轮廓形状支持人数的统计

2. 幼儿园的围墙有多长？

在讨论过程中，辰辰提出了疑问："为什么这张图上有的线条长，有的线条短呢？"菲菲说："因为有的地方围墙长一点，有的地方围墙短一点呀。"涵涵说："我们没有去量过怎么知道呢？"听涵涵这么一说，大家纷纷提出了想去验证一下幼儿园每段围墙有多长的想法。于是，在老师的陪同下，孩子们从幼儿园大门开始，合作着测量起幼儿园每段围墙的长度并进行了记录。涵涵还自发当起了测量小组的组长，他对大家说："我们'一尺一尺'地进行记录，这样加起来简单。"回到活动室后，参与测量的孩子们一起商量先用铅笔进行幼儿园围墙的草图勾勒。

测量幼儿园围墙的长度

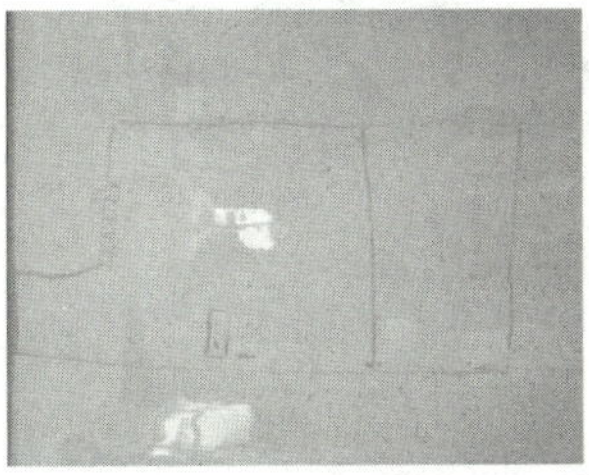

幼儿园围墙的草图 1

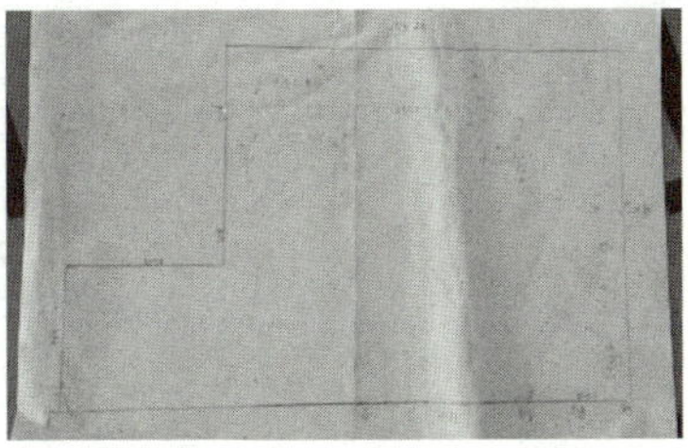

幼儿园围墙的草图 2

3. 尝试建构幼儿园

孩子们根据幼儿园围墙的草图，在建构区利用长度一样的积木进行搭建。一块积木代表测量出的"一尺"长度，孩子们很轻松就掌握了幼儿园每段围墙的比例，很快就搭建出了幼儿园围墙的形状。接下来，他们开始尝试搭建围墙里面的设施。

（1）第一次搭建幼儿园。

轩轩拿来一个圆形盒子放在搭建好的围墙里面，然后将积木架在上面呈现斜坡的样子，辰辰看到了问："你搭了什么在我们的幼儿园里呀？"轩轩说："是我们的滑滑梯，我们的幼儿园里有两个滑滑梯，我再搭建一个。"于是，他又搬来一个圆形盒子，准备再搭建一个滑滑梯。辰辰说："你把滑滑梯搭这么大，我们的教学楼都搭不下了！"……这一次搭建幼儿园以失败告终。

第一次搭建幼儿园

第二次搭建幼儿园

（2）第二次搭建幼儿园。

孩子们收集了各种各样的辅助材料，有了前一次搭建失败的教训，这一次孩子们把幼儿园的围墙围大了一些，选择了一样颜色的纸盒来搭建幼儿园的教学楼，还在里面搭建了升旗台，用圆木片充当幼儿园的“轮胎”……

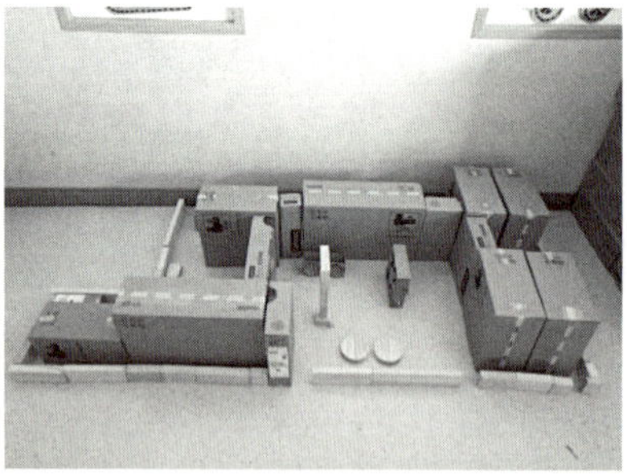

幼儿园作品半成品

幼儿园作品成品

辰辰将新收集的黑色辅助材料放在了纸盒的最上面并进行了整齐排列，恒恒问：“你在干什么?”辰辰说：“我在搭幼儿园的屋顶。”恒恒疑惑地说：“可是我们的幼儿园屋顶是平的呀，哪有黑色瓦片呢?”辰辰说：“屋顶太高了，我们又看不到，有没有瓦片也不知道。”嘉嘉说：“屋顶都是需要盖上瓦片的。”……

后期，孩子们通过不断地对幼儿园进行观察和探索，在不断探索—发现—改进的过程中，最终完成了幼儿园的搭建。

价值分析：

孩子们能通过前期走访调查、画设计图等方式选择合适的工具和材料，运用多种材料有目的地建构幼儿园；愿意与同伴讨论幼儿园内建筑物的细节特征，并能与同伴分工合作完成搭建任务；愿意与同伴分享搭建教学楼及园内大型玩具、植物等的乐趣……此外，孩子们对建构中物理科学的认知、发现并解决问题等方面的能力及积极主动、坚持不懈、认真专注、不怕困难等良好的学习品质也都在此过程中得到了锻炼与提升。

在搭建幼儿园的过程中，由于建构材料在大小、种类、数量等方面存在限制，且孩子们一开始缺乏对幼儿园分布的认知，因此他们在建构中遇到了很多困难。在探究幼儿园整体轮廓是什么形状的时候，老师先让孩子们猜测，然后再让他们带着问题去进行有目的的探索，如实地走访、量一量幼儿园的围墙有多长、调查并记录幼儿园各区域的分布等。【参考建构区核心价值中的科学能力发展：2. 能通过前期走访调查、画设计图等方式选择合适的工具和材料，运用多种材料进行有目的的建构；3. 能进一步感知建构材料、建构作品、实体建筑等的结构与功能之间存在的关系。】当第一次搭建幼儿园以失败告终时，孩子们通过讨论决定在下一次搭建的时候尝试把围墙围得更大一些，尝试把最大的教学楼先搭建起来，再搭建大型玩具和其他设施，并经常利用在户外活动的契机仔细观察幼儿园内的教学楼和其他设施。【参考建构区联动价值中的科学能力发展：4. 能用一定的方法验证自己的猜测，发现建筑物各个部分之间明显的关联，探索较为复杂的因果关系。】第二次搭建幼儿园时，孩子们争论的话题集中在了“幼儿园的屋顶是怎么样的”上，于是老师组织孩子们进行了再次讨论，最终他们决定一起到幼儿园的顶楼看一看，孩子们透过窗户看到了幼儿园的屋顶。为了丰富孩子们的认知经验，回到活动室后，老师进行了总结，通过图片和视频资料让孩子们了解屋顶的常见类型和主要作用。【参考建构区核心价值中的社会情绪发展：3. 能友好协商建构主题和建构方案，大家分工合作完成建构作品；4. 愿意与同伴分享建构的乐趣。建构区核心价值中的语言读写发展：1. 能与同伴讨论建筑物的细节特征；2. 学习和积累大量建构材料的形状、颜色、质量、长短、数量等客体性质的词语，为语言文字学习打下基础。】

（案例提供：吴江区同里幼儿园　朱明英）

第三章 系统规划　润物无声

——建构区空间规划与环境创设

内容简介

建构区是幼儿游戏的一个活动区角，幼儿在该区域中利用不同的建构玩具或材料构造物体形象，以此对现实物体进行模仿和还原，并反映现实活动。建构区空间规划与环境创设是幼儿在该区域活动的基础和保障，通过建构游戏过程间接影响幼儿的游戏动机、建构方式、兴趣和需求等。有效的建构区空间规划与环境创设，能促进建构游戏动态、开放的进行，也能促进幼儿各方面能力的提升。

思维导图

- 建构区空间规划与环境创设
  - 建构区空间规划与环境创设概述
    - 建构区空间规划与环境创设的内容
    - 建构区空间规划与环境创设的类型
    - 建构区空间规划与环境创设的原则
  - 建构区空间规划与环境创设的策略
    - 小班建构区空间规划与环境创设的策略
    - 中班建构区空间规划与环境创设的策略
    - 大班建构区空间规划与环境创设的策略
  - 建构区空间规划与环境创设案例
    - 建构区空间规划案例
    - 建构区环境创设案例

第一节　建构区空间规划与环境创设概述

一、建构区空间规划与环境创设的内容

（一）建构区空间规划的内容

建构区空间规划是在该区域中开展建构活动的基础。在决定设立建构区后，首先需要完成的就是对该区域空间的规划。建构区空间规划既包括在整个活动区中为建构区找到合适的地理位置，也包括对建构区内部进行进一步的空间划分，使其成为一个能够支持幼儿开展建构活动的区域。

1. 提供必备场地，促使幼儿主动建构

建构活动要用到较多材料，材料大小不一、种类繁多，且幼儿并不按照规定路线和方法进行活动，因此要求场地大、空间足够。一般会选取开阔、宽敞的地方作为建构区。足够的空间为幼儿在活动时的时常移动提供条件，可以满足幼儿搬运材料、分类摆放、平铺堆叠等基本的活动需求。合理规划适宜的活动空间，能够充分发挥幼儿的创造性，激发其游戏兴趣，减少因空间不足而中断、改变建构计划的情况，也避免幼儿因空间过大、单一而出现退缩、不愿尝试的情况。

提供必备场地

2. 减少区域间相互干扰，促进幼儿深度建构

建构活动既需要幼儿主动思考，也需要幼儿彼此交流与合作。由于建构活动的不确定性，建构区通常占据活动室或走廊的一个相对独立的区域。在该区域内，幼儿能够进行小范围的交流，这样既能规避建构区内幼儿注意力受其他角色区的干扰，也能避免建构游戏占用过道、延伸至其他区域等干扰别区的情况。合理的空间规划能够让幼儿处在相对安静、适宜思考的氛围之中，使得交流与合作更有效率，有助于幼儿推进游戏，专注于建构活动本身。

减少区域间相互干扰

3. 合理划分区域，支持幼儿多样建构

空间规划除规划建构区在整个活动区中的地理位置以外，还包括建构区本身不同功能区域的空间划分。例如，建构区按照建构材料与方式的不同分为桌面建构区与地面建构区，桌面建构区内有小型的雪花片、积塑等材料，建构作品较为精致、细节丰富，而地面建构区内有大型的积木、纸管及各类辅助材料，建构作品呈现整体框架、规模较大；按照建构主题的不同分为主题建构区与自由建构区。在主题建构区，幼儿可在教师提示下建构某主题下的内容；在自由建构区，幼儿可自行选择想建构的内容。一些中大班的建构区中，还设置了计划区、材料制作区等。通过规划出不同功能和活动空间来满足不同幼儿的各种活动需求，支持幼儿的多元想法及多样建构。

合理划分区域

与其他区域融合

4. 有效协调各方，促进各区域间融合

虽然建构区通常处于一个相对独立的区域，但这并不表明要将其安排在一个远远的角落里。建构区与其他活动区域并不是越远越好，而是应当可以适当支持幼儿在参与建构活动时进行与其他活动区域之间的联动游戏。幼儿常常通过建构活动来解决其他活动区域出现的困难。例如，角色区的幼儿想去公园郊游，则会建议

建构区的同伴建造“公园”，建构区的幼儿有时不光完成“公园”的建造，甚至还会虚心接受“游客”的意见，改造已建成的“公园”。由此可见，有效的空间规划使得建构区与其他活动区域相对独立，却又处于一个有机整体之中，从而发挥该区域的独特作用。

（二）建构区环境创设的内容

建构区环境创设建立在空间规划的基础上，是对幼儿的游戏环境的进一步优化与丰富，包括装饰墙面、收纳橱柜、做标识、制定区域规则、投放材料等诸多方面。通过环境创设，凸显区域特征，并有效渗透游戏目标，使得建构区从一块“单纯的场地”变成一个“幼儿喜欢且适宜开展建构游戏的区域”。

1. 确保建构活动安全，建立游戏秩序

建构活动的开展，离不开各类建构材料。幼儿活动时，在建构区内频繁走动，搬运、拼搭、拆解各类材料。环境创设除为幼儿提供游戏材料以外，更通过一次次游戏让幼儿在建构区内活动时自觉遵守规则与牢记注意事项。例如，建构区游戏区域牌标注进区人数限制；规则标识提示幼儿不可随意推倒建筑；各类简笔画、照片标识用来辅助幼儿对材料进行分类摆放；等等。这些都作为环境创设的重要组成部分，保证幼儿在建构活动中的安全，同时引导幼儿掌握基本的活动规则，为整理大量建构材料、保持建构场地整洁有序奠定基础。

师幼共同制定规则

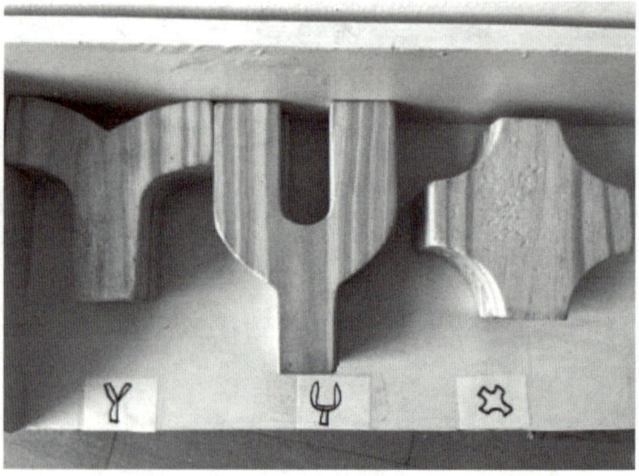

幼儿自制标记

2. 给予幼儿活动线索，推动建构游戏发展

幼儿日常建构活动的开展并不是一帆风顺的，他们有时进区后漫无目的地摆弄材料，有时在活动中遇到诸多问题与困难，导致活动停滞，无法继续。有效的环境创设能够为幼儿提供明确的活动线索，激发其产生新的想法，教师可以捕捉这些时刻，及时与幼儿互动起来，推动活动开展或进一步深化。例如，在“我的

家乡”主题活动中，建构区墙面上的幼儿调查表及古桥、特色建筑照片，都为幼儿建构提供了可参照、模仿的对象。幼儿在活动前期调查中的发现，也可在建构过程中体现。

利用墙面提供参考建筑

3. 渗透游戏方法，提升幼儿建构技能

幼儿在进行不同的建构活动时，会用到不同的建构技能。建构技能种类多，难易程度不等。在低龄段幼儿的建构作品中，常见平铺、垒高等基本技能，而随着年龄的增长，幼儿在建构活动中使用的技能种类越来越多，也体现出更高的建构水平。例如，大班幼儿在建构活动中常用到穿插、间隔、对称等方法。幼儿在用各类建构材料反映现实时，建构的内容随主题的变化而变化，并且相同的建构材料有着不同的组合方式。此时可通过环境创设展示不同的建构技巧或建构作品，幼儿注意到环境中的提示，做出相应尝试，并将其内化为自己的建构思路，从而提升建构技能。

通过展示图片学习搭建技巧

4. 记录、回顾活动过程，适当保留建构痕迹

虽然建构区空间相对宽敞，但幼儿可能并不满足于一次或两次活动。当一片场地无法呈现连续性的活动时，幼儿势必会选择拆除一部分已经完成的作品。作品虽然无法在场地中长久保存，但能在环境创设中以照片等形式及时、完好地记录下来，并进行展示和张贴。幼儿可以看到以往的建构作品，有了更多回顾与评价的时间和机会。同样地，可将幼儿在活动中产生的想法、遇到的问题及提出的解决办法也一并创设、保留在环境之中，展现整个活动的连续过程，体现幼儿在每次活动中的成长与收获。

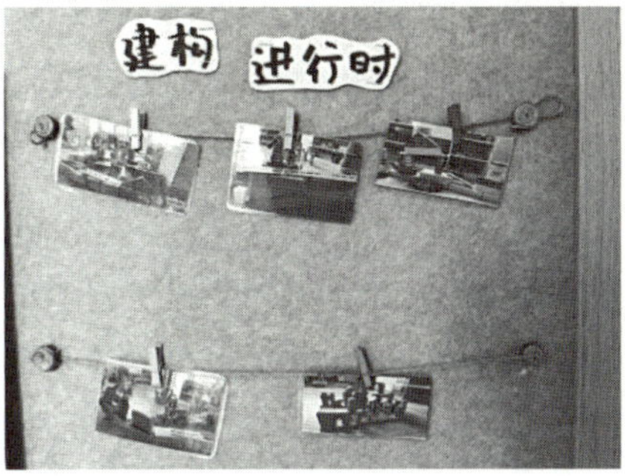

利用照片保留活动过程

二、建构区空间规划与环境创设的类型

（一）建构区空间规划的类型

建构区空间规划受活动室的硬件条件、幼儿的活动需求等因素的影响，呈现出多种不同的形式。

1. 长条式

长条式

长条式多用于走廊、过道等狭长空间，常处在距离其他活动区域较远的一端。基本利用各类柜子进行区域的隔断，将材料柜、收纳筐等靠墙放置，一头无明显的边界，所占区域的地面几乎都可用来建构。

优点：建构作品的总长度无限制，适合建构较长的道路、城墙等。

缺点：受空间狭长特点的影响，无法完成大型方正的建构作品，只可向一头延伸。而且，考虑到日常通行，游戏结束时，通常要将建构作品拆除。

2. 半包围式

半包围式

半包围式在活动室内较为常见，多用多个柜子进行半围合，柜子之间形成一个相对规整的方形区域，供幼儿进行建构活动。幼儿活动时，建构作品一般不会超出该区域。

优点：区域相对独立、更加安静，幼儿建构时不易受到干扰。有较多储存空间。而且，游戏结束后可对建构作品进行较长时间的保存，方便游戏后的探索与评价。

缺点：可用于建构的面积有限，幼儿只能在柜子所限定的区域内建构。

3. 综合式

相较于前两种空间规划类型，综合式倾向于无明显的边界，由地面建构、桌面建构等多个部分组成，包含多个功能区。橱柜与桌面充当隔断，但不完全封闭区域之间的流动。

优点：可同时容纳较多幼儿，满足幼儿的各种活动需求。区域活动内容丰富，可玩性强。

缺点：幼儿易受到其他建构活动的干扰，材料与元素更多，幼儿在活动中的合作行为可能相对减少。

综合式

（二）建构区环境创设的类型

环境创设为建构区注入生机，幼儿在环境创设的影响下，逐步掌握活动的规则与方法，主动、积极地发起、开展各类建构活动。幼儿在活动中的发现和所思所想也都被环境创设一一记录与保留。建构区环境创设并非单一的墙面装饰与材料投放，而是引导幼儿学会自主建构的教育手段。

1. 物质材料与设备类

收纳筐、橱柜、基本建构材料等物质材料与设备，是建构区环境创设的基础。所有进一步的环境创设，都是基于这些物质条件展开的，包括自然材料、辅助材料、墙面、柜体等。

基本建构材料

2. 规则与标识类

“不以规矩，不能成方圆。”建构区内投放的大量供幼儿操作的建构材料，始终吸引着幼儿的目光。在接触建构游戏的初期，幼儿时常出现丢弃材料、故意推倒、不会整理等随意游戏的情况。

标识与规则类环境创设，以图标、图画等形式，更加直观地告诉幼儿在建构区中什么事能做、什么事不能做及这些事应该怎么做。例如，材料柜上的分类标识在不同年龄段呈现出不同的特点，小班多为实物照片，中大班则慢慢转变成幼儿自己设计、绘画的简笔画作品。幼儿正是在参与环境创设的过程中，逐步实现从认识规则、理解规则到自觉遵守规则的成长的。

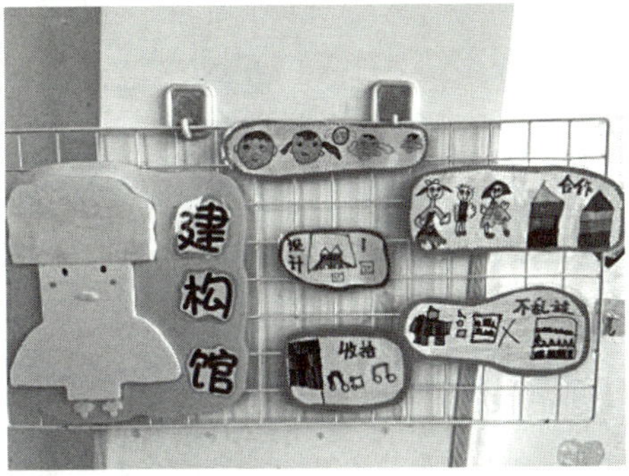

规则与标识

建构方法与技巧表征

3. 建构方法与技巧类

幼儿进行建构时，爱用、会用的建构技巧各不相同。不同的建构对象也需要不同的建构技巧。多种技巧的加入能够使建构活动更具挑战性，作品呈现更加多样。在建构区环境创设中加入建构方法与技巧的介绍，可以是常用建构方法的图示，也可以是实体建筑照片中被放大的细节。幼儿通过观察图片，模仿与学习新的建构技巧，并将其运用于自己的建构之中。

4. 装饰类

装饰类环境创设的内容多为该区域的“标志性建筑”，通常不多做变动。在进区处或空白墙面设计与建构区相关的墙绘、立体装饰等，以形象吸引幼儿前往该区域进行建构活动。常见的有各式各样的墙面建筑群彩绘，或以废旧材料、纸盒等制作完成的装饰建筑群等。装饰类环境创设旨在使整个区域更加美观、充满童趣，更具建构特色。

区域装饰

5. 主题类

主题类环境创设是幼儿能够参与且应当以幼儿参与为主的一项内容。幼儿进行主题类建构活动，并不是一蹴而就的。确立与设置当下的主题，应当考虑让幼儿对该主题的建构内容有初步认识和一些前期经验，从而产生一些想法并提出一些问题。教师所要做的则是引导幼儿将想法进行表征，从而生成下一步活动的计划。将幼儿表征纳入环境创设之中，启发其顺着自己的思路进行建构，并在后期的建构中继续发现问题、解决问题。此时，环境创设作为幼儿整个建构活动过程的纽带，可以帮助幼儿厘清思路，形成对整个主题建构学习的再现。

游戏过程表征

三、建构区空间规划与环境创设的原则

（一）建构区空间规划的原则

1. 便宜性原则：方便自主，提供宽松、可选择的活动空间

将整个建构区空间规划为幼儿能够自由选取材料、自主进行活动的游戏空间。橱柜、桌子等硬件设施需要安全放置，位置适当，无易砸伤、磕碰的安全隐患，且不过度遮挡，以便幼儿在活动时能够看清区域中的每一个地方，也能够及时看到教师和同伴。放置材料的空间需要满足方便幼儿取放、容易收纳整理的需求。区域内要预留取材及通行的必要过道，避免幼儿在区域内来回穿梭时影响基本的建构过程。

2. 最大化原则：物尽其用，将可利用的建构面积最大化

幼儿在整个建构区内的主要任务和活动目的就是进行各类材料的建构。充分拓展、扩大可利用的建构面积，防止幼儿在区域内活动时，因场地不足而频繁变更自己的建构行为。宽敞、充足的建构面积能使幼儿更投入、深入地进行活动，并在完成作品后有更强的成就感，获得满足。此外，规划空间时，可利用多层橱柜、收纳筐等有效收纳数量较多的建构材料。整齐有序的游戏空间，不仅促使幼儿养成及时整理的习惯，而且还能留出更多自由建构的区域，为幼儿的创作提供干净、充足的“画布”。

3. 相容性原则：促区互动，与性质、目标类似的区域邻近

班级内有多个供幼儿自主游戏的区域，这些区域各具特色，有着不同的功能。开展建构活动是促使幼儿提升社会交往能力、培养幼儿合作意识的一个途径。在规划建构区时，有意识地将其设置在邻近娃娃家、小吃店、超市等角色区的地方，与需要安静的美工区、科学区等间隔稍远一些。在确保幼儿深入自主建构的同时，也鼓励其进行区域间的联动与合作，使幼儿能够在有限的游戏时间内得到多种能力的提升，获得丰富的游戏体验。同时，与其他区域邻近，区域间的联动也能为解决建构中遇到的问题拓宽思路。例如，建构区的幼儿建造完成一座“幼儿园”后，旁边娃娃家的幼儿以需要上学为由加入建构游戏，负责建构的幼儿可以向其介绍“幼儿园”的每个地方，也可以在娃娃家幼儿的建议下共同改造“幼儿园”。

4. 多样化原则：一区多用，开发承载多样建构活动的区域空间

建构区以不同的“身份”存在，今天是一家医院，明天是一条商业街，后天是一个快递站，幼儿通过建构行为赋予该区域灵活、易变的特点，这也促使该区域吸引着更多幼儿的目光。规划空间时，不将整个空间塞满，而是选择可以挪动、移位的橱柜、箱子等，供幼儿灵活调整区域空间的规划，满足其不断变化的游戏需求和

计划。另外，不同幼儿喜欢用不同的建构材料与技巧。在同一建构区内，可开辟不同的建构区域，使幼儿能同时进行各类材料、各种方法的尝试；容纳多元的建构活动，尊重幼儿的选择与差异。在同一大空间内，实现小空间的有机结合。

（二）建构区环境创设的原则

1. 动态性原则：动态调整，配合建构主题及目标变化创设

建构活动的魅力在于幼儿每次进行活动时，都能以不同的材料进行不同的组合，从而获得全新的作品和体验。建构区环境需要为幼儿持续游戏、保持兴趣提供支持。若建构区中材料投放、墙面装饰等环境创设一成不变，则会削减对幼儿的良性刺激，从而削弱建构活动的持久性和丰富性，随之而来的是活动目的的模糊与幼儿建构水平的停滞。因此，及时变换建构主题、调整内部环境创设是建构区活动得以有效开展十分重要的一环。对建构主题的调整，也是对建构目标与计划的调整，建构目标与计划的变动又必然依托环境的变化，才能支撑新的活动。例如，在12月到1月开展“迎新年 闹新春”主题建构活动，在一次次环境创设与实际活动中，幼儿不断深入了解过年的习俗，知晓各类过年必备品。一方面，教师提供或帮助收集灯笼、福字、春联等节日辅助材料；另一方面，幼儿自发根据新增的材料与环境中的提示，建构适合张贴春联的大门，探索悬挂灯笼的方法。每一次动态调整后的环境，都为建构活动注入新的生机。

2. 参与性原则：适当留白，为幼儿提供与环境互动的机会

建构区环境并不是越满越好，“满”与“适宜”不能相提并论。建构区环境看上去“满”，可能是堆放着各种各样的建构材料，墙面五彩斑斓，没有一处空白。在这样的环境中看到的更多是教师的付出与需求。环境创设得越满，幼儿可自由发挥的空间就越少。他们会按照前期精心铺设好的“路线”进行建构活动。在无删减、一味增添的环境中，仅有少部分内容能在有限的时间内与幼儿互动起来，而其余大部分内容占据着大量的空间，反而使得幼儿在探索与思考时变得束手束脚、不敢尝试。

适当留白的墙面、柜体，或者一小块场地，在不同幼儿的改造和创作之下，时时能够给人耳目一新的感觉。今天的墙面上或许还张贴着幼儿的建造计划图纸，明天就摇身一变成了新建公园的指示牌，还标注着门票价格……适当留白的区域，给幼儿建构带来的是自由支配、自我主导、发挥创意的“自由之地”。

3. 适应性原则：循序渐进，依照建构活动需求逐步创设

建构区环境创设，与幼儿的建构活动一样，不是一蹴而就的，而是一个需要循序渐进的过程。

第一，创设环节需要循序渐进。区域环境从无到有、从有到可选择和被优化，

需要教师和幼儿的共同思考与改进，更需要时间。随着时间的推移和活动的落实，幼儿的建构水平和游戏需求不断变化。他们喜欢什么、不喜欢什么，需要什么、需要多少，以及要怎么做等，在环境中都会逐步显现。一开始给出最基本的活动环境，随着活动内容的深入，逐步鼓励幼儿纳入新的材料、记录出现的问题、制订下一步的活动计划等。建构区环境随着幼儿活动的发展而发展，在活动中生成新的环境创设内容，同时摒弃、改造不适宜之处。

第二，幼儿参与需要循序渐进。要把环境还给幼儿，自然应重视幼儿的能力水平，并将其放在主导创设的位置上。但这并不代表教师可以就此撒手不管，将所有环境创设内容一股脑儿抛给幼儿。幼儿在没有足够的经验和方向引导的情况下，创设出的环境可能像一匹“脱缰的野马”。要从幼儿可参与的小事入手，小到一个标签的绘制、一次新材料的收纳整理，逐步增加创设的难度和提高参与的程度，引导幼儿在活动中养成自觉、自主的习惯，学会解决问题的方法。到最后，幼儿在活动中的想法越来越多，并具备了一定的执行力，这时教师就可大胆尝试放手，将环境交给幼儿，退居幕后成为其坚实的辅助。

4. 差异性原则：尊重差异，体现年龄层次及建构水平

由于不同年龄段幼儿的建构目标与适用的建构技能不同，因此创设的环境应当具有层次性，符合幼儿的年龄特点。小班建构区环境创设注重吸引幼儿的注意力，运用色彩丰富、高结构辅材或以卡通形象等激发幼儿建构的欲望，旨在引导幼儿熟悉建构活动的基本流程与规则。而中大班建构区环境创设更加注重自主建构，发挥幼儿的主动性与创造性，提供丰富的材料与可自由变动的环境，以促进幼儿自主游戏水平的提高。

不仅如此，同班幼儿的建构水平也参差不齐。有的幼儿搭完手头的材料就停下来无所事事；有的幼儿努力了很久，重建多次却始终停留在简单堆叠的阶段，身边剩下许多材料根本没有机会用到。而在相同的时间里，建构水平较高的幼儿能够用同一批材料建构出造型多变、结构丰富的形象，甚至提供的材料还会有所短缺。由此可见，建构区环境创设应该面向全体幼儿，能够满足不同幼儿的活动需求，投放的材料应多样、丰富。

第二节 建构区空间规划与环境创设的策略

一、小班建构区空间规划与环境创设的策略

小班幼儿的建构活动受其能力水平的制约，呈现出目的不明确、持续时间较短的特点。小班幼儿在建构区活动时，喜欢较为随意地拼插搭建，兴趣易转移且搭建不牢固。

（一）小班建构区空间规划的策略

足够大的地面空间

1. 地面建构空间大，满足幼儿平铺、围封等基本建构需求

小班幼儿比较缺乏建构经验及相应的建构技能，活动中多采用平铺、垒高、围封等简单的建构方式。小班幼儿热衷于将体积较大、平整的块状材料摆放在一起，不加镂空，建造“围墙”“马路”等形状比较单一的物体。因此，规划空间时，需要预留较大的地面建构空间，为小班幼儿此类易反复多次出现的建构行为创造条件，避免因空间不足而中断活动。

低矮的收纳柜

2. 收纳柜保持低矮、轻便，便于幼儿整理，易于教师观察

小班幼儿年龄较小，身高相对较矮，大小肌肉的活动水平不及中大班幼儿。因此，在活动时，无论是取放材料环节，还是拼搭、拆解材料等环节，都需要考虑到幼儿的实际能力水平。用于隔断及收纳的柜子、筐子等不宜过高、过大，须便于幼儿搬运、摆放。过高的柜子相对容易遮挡幼儿及教师的视线，存在一

定的安全隐患，幼儿若无法时刻看到教师，易缺乏安全感。

3. 小区域不宜划分太多，避免幼儿受到干扰，提升幼儿专注力

同一建构区内的小区域不宜划分太多。首先，小班幼儿游戏水平相对较低，分散游戏时呈现独自游戏、平行游戏的状态较多，且注意力容易分散。划分出太多区域容易干扰幼儿的建构行为，导致游戏难以深入。其次，小班幼儿喜欢、擅长利用大一些、形状简单的材料建构，尚且不具备制作、加工辅助材料的能力，简单的基本建构已经能满足他们的活动需求。

形状简单的材料

（二）小班建构区环境创设的策略

1. 多设置易模仿、可参照的建构元素

小班幼儿在游戏初期时常漫无目的，并且缺少一定的建构技能。在环境创设时，巧妙利用墙体、柜面等，展示照片、实物等，起到提示、参照的作用，供幼儿模仿搭建。小班幼儿在游戏中逐步建立起自己的目标，并且习惯参照自己的目标进行搭建和改造等。在布置环境的时候，要与小班幼儿的视线基本齐平，离地 1 米左右，避免太高不易观察或太低不便观察，以便发挥环境的隐性作用。

可参照的建构元素

2. 材料“同种量多”，满足幼儿平行游戏需求

小班幼儿比较喜欢并满足于利用形状相同的材料进行简单的建构活动。因此，投放材料时须遵循“同种量多”的原则，避免幼儿在游戏中争抢。充足的同种材料也能延长幼儿的活动时间，在幼儿反复搭建多次，技能有一定提升后，可逐步减少同种材料的数量，增添其他种类的材料。

“同种量多”的建构材料

提供多种辅助材料

3. 色彩鲜艳，投放成品、半成品辅助材料，提升幼儿成就感

建构区环境的外观是小班幼儿对该区域的第一印象，环境色彩鲜艳，易让幼儿看到感兴趣的物体，为幼儿感官带来新的刺激，从而激发幼儿的游戏欲望。而想让小班幼儿在进行建构游戏时专注、持久，光靠充足的材料与引人注目的外形是不够的，还要为幼儿创设易于获得成就感的环境。在建构区中提供一些高结构的辅助材料、玩具，如洋娃娃、小动物、小汽车等，能够更好地帮助幼儿投入游戏情境，发挥想象力与创造力。

二、中班建构区空间规划与环境创设的策略

中班幼儿经过小班阶段的学习，在建构方面已有一定的基础，随着认知经验的丰富和建构技能的提升，他们开始注意同伴的建构行为，时常有共同建构的行为。

（一）中班建构区空间规划的策略

1. 高空建设，营造建构氛围

在中班建构区空间规划中，应重视高空建设，为幼儿营造良好的建构氛围。活动室通常被划分为多个区域，有美工区、阅读区、生活区等。为了让幼儿更好地区分建构区的各个区域，教师可以在高空增设比较醒目的标牌，一般可以设置在离地 1.5 米以上。用帘子隔开各个区域，并在各个区域上空悬挂各种主题装饰，让幼儿能够清楚每个区域的作用，这样既可以让每个区域更加独立，又能够减少区域分隔所带来的陌生感。

用挂饰分隔区域空间

2. 巧用墙面，明确环境主题

在中班建构区空间规划中，教师还要巧妙利用墙面，明确环境主题。教师应认识到，要激发幼儿的想象力与创造力，依靠凭空想象是无法实现的，任何创造力的发挥都应以现实为依托，在中班幼儿教育中更是如此。因此，教师在为中班幼儿规划建构区空间的过程中，应注意对墙面的运用，根据建构区主题环境表现形式完成创设。为了方便中班幼儿观察，可将主题环境设置在离地 1.5 米以下。例如，

在以“我是小小建筑师”为主题的活动中，教师为幼儿创造五彩缤纷的世界，让幼儿多观察、多感受，并引入各种比较有代表性的建筑物图片，向他们介绍这些建筑物的特点等，然后将生活场景引入区域墙面布置中，增强幼儿对建构区内容的学习意识，激发幼儿的想象力。教师可以在墙面上粘贴半立体式、立体式及综合式的建筑图形，鼓励幼儿选择自己喜欢的积木或其他材料搭建各种各样的建筑物。此时，教师的主要工作是引导、帮助幼儿了解只有底层足够牢固，才能让建筑物不轻易倒塌。至于建筑物的形状，教师不应用成人的思维去固化幼儿。此外，在中班建构区空间规划中，教师要注重色调鲜明，因为这与幼儿心理有一定关系，多数幼儿喜欢颜色鲜艳的事物。因此，教师可以鼓励幼儿搭建色彩丰富的建筑物，帮助幼儿形成色彩搭配意识。

墙面环境明确主题

3. 活用地面，确立建构规则

地面环境明确规则

对于建构游戏来说，幼儿具有一定的自主选择和开发权，因此，在幼儿开展建构游戏的过程中，教师应避免对幼儿的游戏方式做出统一要求，但这并不意味着无须制定游戏规则。由于中班幼儿年龄较小，缺乏良好的规则意识，在游戏过程中容易产生矛盾，教师最好在幼儿进入建构区前就向幼儿讲明在游戏中不能争抢玩具、拿对方的玩具要经过对方允许等，这样可以让幼儿在游戏前形成一定的规则意识。此外，在中班建构区空间规划中，教师要灵活运用地面，可以在地面上画好路线图，让幼儿按照路线图进入建构区。同时，教师还要在建构区周围设置等待区，并在等待区中放置一些幼儿喜欢的书籍，让幼儿在等待时阅读，建构区中的幼儿离开以后，等待区中的幼儿便可进入建构区。为了避免幼儿在建构区内争抢场地，教师可以在地面上画好界线，让幼儿在自己的区域内游戏，这样既能减少冲突，也能让幼儿更好地游戏。

（二）中班建构区环境创设的策略

1. 有针对性地投放材料，多选用低结构材料

在中班建构区环境创设中，为了培养幼儿的想象力与创造力，为幼儿营造良好

投放低结构材料

的学习环境，教师可以选择合适的投放材料，最好投放低结构材料，其原因在于这种材料功能性较好，且具有多元性特征，能够满足幼儿的实际需求，所具有的价值也更加丰富，幼儿可以随意摆放。例如，教师可以将鹅卵石、树叶、树枝等作为投放材料，也可以将废旧易拉罐、奶粉罐、纸盒及玩具小汽车等作为投放材料，鼓励幼儿用这些材料做探索活动。为了调动幼儿的积极性，教师可以为幼儿明确游戏主题，让他们在主题的引导下游戏。

2. 家园合作，共同创设建构区环境

家园合作教育已经成为现代幼儿教育不可或缺的一部分，为了激发幼儿的想象力与创造力，给幼儿营造良好的学习环境，家长也要参与到中班建构区环境创设中。教师可以组织幼儿和家长共同参与环境创设活动，让家长提供一些建构区中所需要的投放材料，如奶粉罐和纸盒等，这些材料在每个家庭中都较为常见，让家长从家中带来，既可减轻教师寻找这些材料的负担，又能让幼儿更熟悉游戏材料。同时，家长参与到环境创设中，也可以丰富幼儿园主题活动，提升幼儿园教育质量。此外，在家园合作中，教师可以与家长沟通，鼓励家长在家庭内部为幼儿创设一个建构区，这样每天放学以后，幼儿便可在家中的建构区继续游戏，家长参与其中也能拉近亲子关系。

共同收集生活材料

三、大班建构区空间规划与环境创设的策略

大班幼儿已经具备一定的独立建构能力，掌握了一定的建构技巧，会使用辅助材料，事先能进行一定的设想和规划，并能通过分工与合作完成一项较为复杂的工程。大班幼儿能够搭建出有场景、有情节的水平较高的建筑群，且其建构作品多为立体结构，讲究对称和平衡，比较形象。

（一）大班建构区空间规划的策略

1. 地面建构区空间宽敞、平整

相较于小班、中班幼儿，大班幼儿需要更大的地面建构空间。一方面，随着年

龄的增长，幼儿的身材有了较明显的变化，本身需要更多个人空间；另一方面，大班幼儿处于合作游戏阶段，喜欢各种形式的组合搭建，往往偏向于大型建构，因此地面建构区需要保证空间密度适当，以便幼儿更好地合作并发挥创意。

空间保障

2. 桌面建构区设置灵活、多变

对于大班幼儿来说，桌面建构的吸引力远不如大型地面建构，因此桌面建构空间的安排需要采用灵活多变的方式。桌面建构的操作台最好是带轮子或轻便的柜子，便于幼儿移动。当幼儿想单纯进行桌面建构时，可以将其移至角落，使幼儿互不干扰；当桌面建构与地面建构联动时，可以将其移至地面建构区域附近，便于幼儿合作搭建；当没有幼儿进行桌面建构时，可以将其变成建构材料，成为建筑物的一部分。

桌面建构

材料柜摆放合理

3. 材料柜摆放合理，便于游戏

建构区的材料柜要摆放在合理的地方，最好是靠墙或与其他柜子背对背摆放，安放在一个固定的角落。首先，大班幼儿力气大，这样设置使材料柜不容易被幼儿推倒或撞歪。其次，没有材料柜的隔断，可以为大班幼儿提供更大的建构空间。最后，合理摆放材料柜，可以避免幼儿在来回走动取放材料的过程中破坏建构作品。

（二）大班建构区环境创设的策略

1. 创设科学合理的建构区环境，促进活动的开展

大班建构区要有足够大的空间，以避免建构作品被意外推倒。积木摆放应该井然有序，便于幼儿高效拿取和放回。搭建区域应该做好标识，以便幼儿区分何处可

以搭建、何处不能搭建。比如，积木架前面要标出“不宜在此玩积木”，在可以搭建的区域铺一块地毯作为标志。设置封锁线用于保存未完成的作品。大班建构区墙面可以用于展示游戏主题、游戏过程、问题解决办法、建构经验等内容。

幼儿自制标识

幼儿表征的呈现 1

2. 提供丰富多样的建构材料，促进能力的提升

加入新材料，能激发大班幼儿的想象力和创造力，充分发挥建构区的功能。

（1）促进读写能力的材料。

建构区是自然地促进幼儿读写能力发展的地方。在建构区中陈列与所搭建的东西有关的绘本等，可以帮助幼儿搭建。放置纸笔，鼓励大班幼儿为自己搭建的东西做标牌，如为商店起名字、为医院设计标志、为超市制作海报等。

幼儿表征的呈现 2

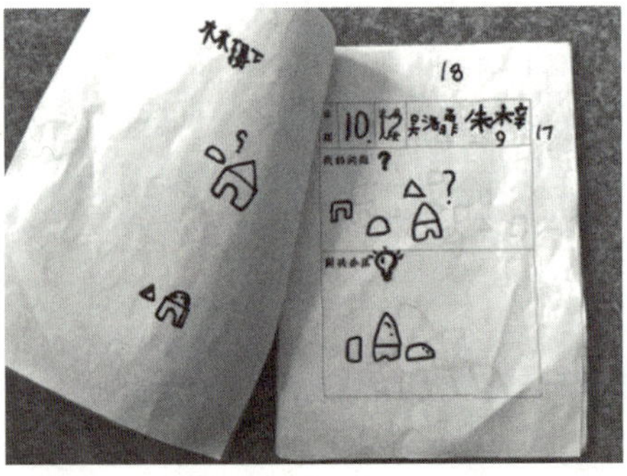

幼儿表征的呈现 3

（2）促进科学认知的材料。

科学涉及的方面非常广泛，其中物理科学、自然科学是常被忽略的两个方面。教师可以为大班幼儿提供放大镜、磁铁、动植物标本、岩石等，鼓励幼儿对力学现象、动物生活的地方、山川河流等进行探究，促进幼儿的科学认知。

（3）促进社会文化认知的材料。

人的生活环境、生活方式多种多样，吸引着人们去探索。相关材料的投入，如各种住宅的照片（草棚、帐篷、房车、高层公寓、别墅等）、交通标志（除常见标志外，还可以加入残疾人停车标志、盲人专用道等标志）、地图等，可以帮助大班幼儿打开世界的大门。

（4）促进艺术能力的材料。

建构虽然短暂，但也是一种艺术。大班

幼儿在建构中感知对称美、平衡美、设计美，教师可以为大班幼儿提供装饰建筑的材料，鼓励他们讨论建筑细节，并将搭建好的东西作为情景表演的布景，锻炼他们的想象力和表演能力。

第三节　建构区空间规划与环境创设案例

一、建构区空间规划案例

案例一：区域干扰的问题（小班）

案例描述：

游戏受到干扰

婷婷和菲菲在建构区搭建“太湖湿地公园”。她们将长方形的积木平铺在一起，形成了一条长长的栈道。婷婷说：“我和我妈妈吃好晚饭后经常去太湖边散步。”菲菲说：“我也去过，就是走这样的路的。”婷婷又说：“太湖边还有两座白色的塔，我们搭在这里吧！”菲菲从箱子里取来很多长方形的积木，两人一起垒高，尝试搭出塔的形状。但是，由于“地基”不稳，恰巧小新快速跑过来，塔就倒塌了。“哗啦啦”一声，不仅吓到了两个小朋友，还吸引了边上在美工区游戏的妮妮。妮妮放下手中的材料，一直看着婷婷和菲菲捡积木、搭积木……轩轩碰了碰妮妮，说：“你怎么不做了啊？”妮妮说：“你看她们在搭什么？我也想过去搭。”

案例分析：

动静分离是区角创设的基本原则，但是有些班级由于空间或场地限制，做不到完全的动静分离。这时，教师可以通过不同的方式对区角进行隔断。建构区的材料的确会在不经意间发出声音；建构区的作品应放在不易被碰到的地方。所以，班级建构区应该设置在走廊、角落或靠近教室门口的地方。

（案例提供：吴江区七都幼儿园　许圣贤）

案例二：区域间的有效互动（小班）

幼儿搭建舞台

案例描述：

看了之前大班的哥哥姐姐欢度“六一”的录像，小班的孩子们对能唱能跳能玩游戏的小舞台可感兴趣了。在进行建构游戏的时候，小宇和童童也搭了一个很大的“舞台”。搭好之后，两人站在“舞台”上开始玩闹起来。小萌看见后说：“你们在干什么啊？”童童说：“我们在表演啊！”小萌接着说：“门口那边的小舞台才是表演的地方。”小宇说：“这是我们搭的舞台，不能在上面表演吗？”小萌说：“我也不知道，你们去问老师吧！”两人睁着大眼睛望着老师，却没有说话。老师听到了他们之间的谈话，说：“你们的舞台搭得比表演区的舞台大多了。你们可以去邀请表演区的小朋友到这个大舞台上表演。”整个建构区变得热闹起来。游戏结束后，童童说：“老师，我下次还想搭舞台！”

案例分析：

不同区域之间需要隔断，但并不是断绝往来，区域应该是灵活开放的。教师既要设计相对独立的游戏区域，又要鼓励区域之间进行有效互动。这样不仅能调动幼儿游戏的积极性，还能加强幼儿之间的互动交流，让自由、自主、创造、愉悦的游戏精神得到进一步体现。

（案例提供：吴江区七都幼儿园　许圣贤）

案例三：对作品保留区的设想（中班）

案例描述：

建构区活动结束后，小苡开心地跑到老师跟前说：“老师，你来看，我们搭了幼儿园。”说着就把老师拉到建构区，开始介绍起来：“这是南门，这是北门，这是我们的教室，还有大操场……”看到有模有样的“幼儿园”，老师回应：“真不错，搭得很有气势哦！”这时，边上聚集了很多小朋友。小苡兴奋地向小伙伴们介绍今天搭建的作品。介绍完后，小苡又跟老师说：“老师，我们不想把它拆掉。”雅雅听到后说：“不拆掉的话，我们走路都不方便了！”那该怎么办呢？建构区幼儿不想拆掉的作品或没有完成的作品，应该如何保留呢？

幼儿搭建作品

幼儿介绍作品

案例分析：

鉴于幼儿不想拆掉搭建好的作品，教师组织全班幼儿一起想办法，探讨“怎么把搭建好的作品保留下来”。经过讨论，最终决定在建构区增加一个“作品保留区”。对于小作品，直接展示在靠墙的柜子上；对于大作品，就通过照片形式展示出来。充分利用活动区的空间，满足幼儿的需求。

（案例提供：吴江区七都幼儿园　吴卫娟）

案例四：小空间对幼儿游戏的限制（中班）

案例描述：

小瑜在建构区发现了一本绘本《母鸡萝丝去散步》，和同伴轩轩一起翻阅着。小瑜边看边提议：“我们来搭个母鸡的家吧。”轩轩回应：“好呀！”于是，他们把绘本放在一旁，开始搭建鸡舍……

游戏小结中，小瑜提出问题：“建构区太小了，我们没法把想要搭建的都搭建出来。”老师问：“你们打算搭什么呢？”小瑜说：“我们想要搭母鸡的家、池塘、篱笆、磨坊、蜂房，很多很多的。”

于是，老师又将问题抛给孩子们：“建构区搭不下怎么办？”孩子们积极讨论，并记录下自己的想法。

办法1：只能少搭几个。

办法2：可以把每个建筑搭得小一点。

幼儿表征：少搭几个

幼儿表征：搭得小一点

办法 3：可以把建筑搭到水池那边。

办法 4：可以到走廊上去搭。

……

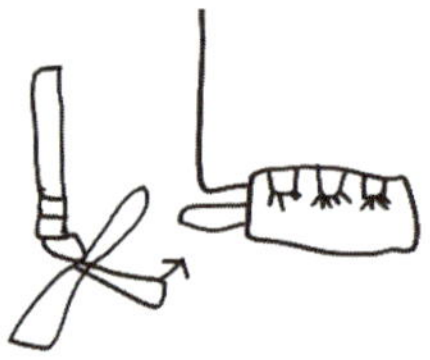

幼儿表征：搭到水池那边

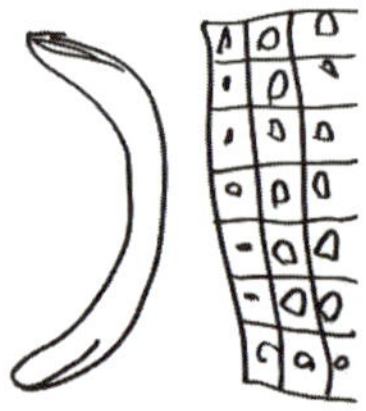

幼儿表征：到走廊上去搭

最后孩子们讨论决定，从建构区往水池那边搭，不够的话还可以一直往门口、走廊那边延伸，直到全部搭好。幼儿尝试通过重新规划区域空间，解决建构区搭不下的问题。

案例分析：

当现有空间已经满足不了幼儿的需求，需要更大、更宽敞的空间时，对空间进行改变是第一步，也是非常重要的一步，这表明区域的位置并不是固定不变的。教师要引导幼儿进行小组讨论、重新规划及制订下一步计划，从而使区域的空间规划得以合理调整。

（案例提供：吴江区七都幼儿园　吴卫娟）

案例五：区域灵活调整（大班）

幼儿记录游戏想法

案例描述：

区域活动的时间到了，明明和茜茜在设计游戏计划书。这次活动的主题是“人们的工作”。明明说：“我爸爸在银行上班，银行离我家很近。”茜茜说：“我妈妈上班的地方离我家也很近，在超市。”明明说：“对了，超市不就在银行边上吗？”茜茜一拍手说：“对啊！那我们搭个银行、超市，再搭我们住的小区吧！”明明想了想说：“搭这么多东西来得及吗？”茜茜想了想说：“我们有娃娃家啊，不用重新搭。”茜茜接着说：“我们可以把银行和超市搭在娃娃家边上的空地上，这样就是很近的地方了。”两人拿着游戏计划书，征求老师的意见：“老师，今天我们想在娃娃家边上玩建构游戏。”两人还细致地和老师说了理由。老师同意了他们的请求，两人搬着积木筐，开心地去玩了。

案例分析：

幼儿是独立的个体，在不断成长的过程中，他们的需求也在不断变化和提高。固定的区域如果不能满足幼儿的需求，是否可以考虑对空间位置和大小进行动态调整？上述案例中，幼儿为了节省游戏时间，想结合娃娃家进行建构游戏，教师就可以根据幼儿的活动需求临时调整区域的位置，以促进幼儿区域活动不断丰富和深化。

（案例提供：吴江区七都幼儿园　吴卫娟）

二、建构区环境创设案例

案例一：失败的滑滑梯（小班）

案例描述：

在“图形宝宝”主题活动中，孩子们在幼儿园里寻找着各种图形。老师将具有典型意义的建筑物以照片的形式在建构区的墙面上展示出来，鼓励幼儿尝试搭建。昊昊拿着两块长条形的积木，对妞妞说：“妞妞，今天我们来搭这个超大的滑滑梯吧！”妞妞满口答应：“好呀！我搭过滑滑梯，我会搭。”妞妞在地上放了一块积木，又接过昊昊手里的长条形积木搭在上面，说：“看，我搭好啦！”昊昊说：“你搭的和照片中的不一样啊！没有楼梯。”妞妞看了一眼照片，说：“可是我不会搭楼梯！”昊昊说：“我来搭！”说完，他把积木一块一块地垒起来。但积木全都重叠在一起，只会越搭越高，变成一个长方体的实心物体，并不像楼梯。昊昊叹了口气说：“哎呀，楼梯太难了，我也不会搭。”他把积木全部推倒，说：“算了吧，我们搭别的东西吧！”妞妞笑着回答：“好呀！”

滑滑梯搭建失败

案例分析：

小班幼儿的游戏坚持性较差，遇到困难不会自己解决。在环境创设的时候，教师只考虑了与主题相关的有形建筑物，并没有考虑到幼儿实际建构技能的发展情况。教师可以提前开展调查，了解幼儿感兴趣的建筑物，并将搭建中需要用到的技能以图片、视频讲解或步骤图的形式展现给幼儿，鼓励幼儿在建构游戏中自主发挥。

（案例提供：吴江区七都幼儿园　许圣贤）

案例二：如何确定主题内容（中班）

幼儿制订建构计划

案例描述：

骁骁和宇浩没有直接去建构区玩游戏，而是在旁边的座位上制订着当天的建构计划。只听骁骁说："我们搭个体育馆吧。"宇浩说："啊？那我们今天不搭秋天的公园了吗？"骁骁说："我们换个别的搭吧！"宇浩马上说："好的呀，但体育馆怎么搭啊？"骁骁说："我知道，体育馆里有个足球场，可以踢足球。"宇浩点着头说："哦，我知道了。旁边是不是有很多人在观看比赛？"骁骁回答道："是呀，我爸爸经常去看足球比赛，我也去看过。"宇浩立马说道："我也看过！"两人一拍即合，开始制订搭建足球场的计划……

案例分析：

骁骁和宇浩的建构计划跟别的幼儿不一样，并不是当前主题的内容，而是他们生活经验的体现，是受家长兴趣的影响，才萌发的创意想法，这样的情况其实在游戏中并非偶尔出现。为了区分不同主题的建构作品，孩子们经过讨论决定，在建构区设立"主题区"和"设计区"两个区域，这样既满足了不同孩子的需求，也把不同的建构内容清晰地分开了。

（案例提供：吴江区七都幼儿园　吴卫娟）

案例三：游戏规则的有效性（中班）

案例描述：

游戏中，楷楷和梓涵一起搭建"动物园"。他们从箱子里拿出来了很多积木，全都堆放在地面上，导致边上都没有走路的空间了。欣欣站在边上问道："你们为什么拿这么多积木出来啊？"梓涵说："这些我们待会儿都要用。"欣欣说："你没看到墙上的游戏规则吗？你不遵守规则，我要去告诉老师！"梓涵说："哪里写了不能拿很多积木出来啊？"欣欣指着一条规则说："喏，你看，这里不是画着吗？"梓涵凑过去，仔细看了看说："没有吧！

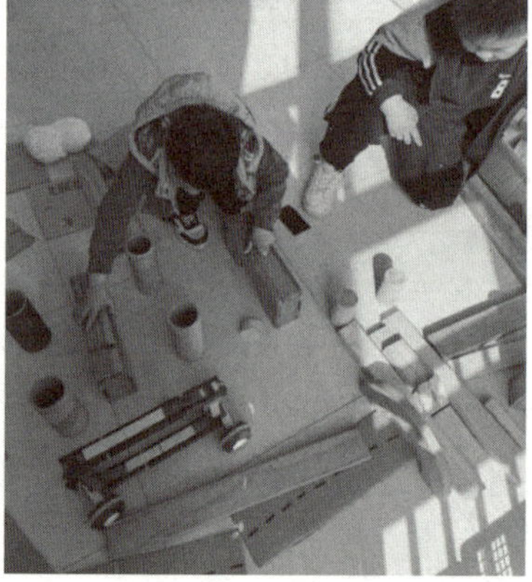

中班幼儿搭建游戏

我怎么看不出来啊?”说完，他把楷楷也喊了过来，问他这些规则是什么意思。楷楷挠挠头说：“我也不是很看得懂。”欣欣说：“这些规则是谁画的啊?怎么大家都看不懂?”

案例分析：

为了体现幼儿的自主性，游戏规则基本上是由幼儿自己设计、自己画的。这就产生了一个问题：别人画的规则，自己看不懂；自己画的规则，过了一段时间，连自己都忘了是什么意思。教师可以引导幼儿一起讨论，使用大家都看得懂的记录方式，如用大家公认代表某一具体意思的图案。同时，教师也要发挥作用，及时指出不合理的地方，帮助幼儿完善规则的设计。

（案例提供：吴江区七都幼儿园　许圣贤）

案例四：照片展示对游戏的影响（大班）

案例描述：

大班幼儿在老师的带领下参观了小学。回到教室后，老师将幼儿与小学的教室、教学楼、餐厅和操场的合影张贴在建构区的墙面上。甜甜拿着游戏计划书和丽丽一起来到建构区，开始了她们今天的建构游戏。过了一会，甜甜指着自己搭好的房子，说：“你看，这是第一个教学楼，我们昨天进去过。”丽丽说：“我这里的操场也快搭好了。”甜甜看了一眼，说：“操场是椭圆形的，你这是什么形状啊!”丽丽噘着嘴轻声地说：“已经很圆了。”她抬头看着甜甜的作品，说：“你这个教学楼也不好看啊!”甜甜说：“哪里不好看了，小学里的教学楼就是这样的呀!”丽丽又说：“可是你刚刚在计划书上画的教学楼很漂亮啊!”甜甜看了一眼自己的计划书，说：“那怎么办?这教学楼就是照片里这样啊!”

大班幼儿搭建游戏

案例分析：

大班幼儿已经具备一定的创造力和空间思维能力，照片的展示反而限制了幼儿的想象力。教师可以鼓励幼儿将实际与想象结合，设计“我心目中的小学”或“我喜欢的小学一角”并尝试将其搭建出来，然后用相机拍下幼儿的实际作品，放在设计图的边上。这样不仅发挥了幼儿的想象力和创造力，还能让幼儿体验到成功的快乐，增强自信心。

（案例提供：吴江区七都幼儿园　许圣贤）

案例五：建构技能的有效性（大班）

案例描述：

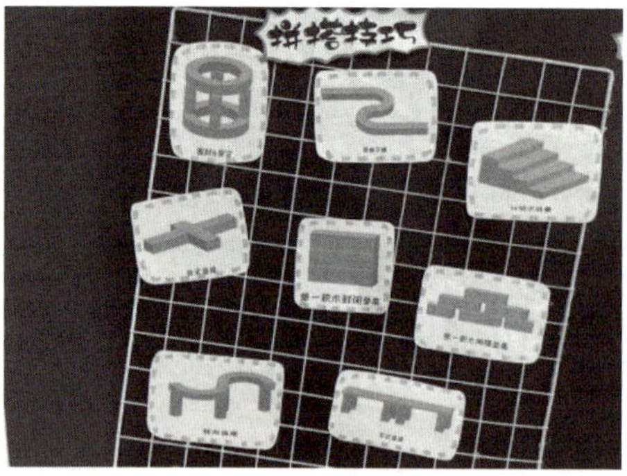

建构技能使用

晨晨和航航一起在建构区搭建，他们不仅搭出了一座高架桥，还在桥上放了很多玩具汽车。晨晨说："高架桥搭得差不多了，我们再在边上搭些房子吧！"航航说："那你来搭房子，我再搭点大树！"航航蹲着搭了一会儿，又起身去看游戏计划书，看看还少些什么。晨晨说："你快点来搭呀，等会儿又要来不及了！"航航说："我在看这些建构技能的图片。"晨晨说："怎么了啊，你都大班了，还不会搭啊？"航航说："不是的，你来看这张。"航航指着其中一张建构技能的图片，说："你看，这个技能我们早就学会啦！"晨晨点点头，还读出了上面的字："这是围合。"晨晨又指了指边上的一张图片，说："你看，这个技能我们也会的！"航航说："对哦，我们都会了，老师怎么还把这些图片贴在上面啊？"

案例分析：

教师没有考虑到班级幼儿的实际发展水平，一股脑儿地把建构技能的图片张贴在墙面上，这明显违背了游戏精神。幼儿学习建构技能的方式有很多种，不单单可以通过照片，还可以通过步骤图、同伴互相学习、自己探索等。教师可以在日常生活、游戏、集体活动中鼓励幼儿运用不同的方式提高自己的建构技能。

（案例提供：吴江区七都幼儿园　许圣贤）

第四章 循规蹈矩 因势利导

——建构区规则制定与标识创设

内容简介

建构区规则与标识是幼儿在建构区内进行建构活动必不可少的公认准则与游戏框架。建构区规则与标识一方面能够帮助幼儿解决建构活动中遇到的问题与困惑，另一方面能够推动幼儿建构活动、建构水平的进一步发展与提升。因此，对于幼儿来说，建构区规则与标识十分重要，其创设自然也对教师的相应能力提出了一定的要求。

思维导图

- 建构区规则制定与标识创设
  - 建构区规则与标识概述
    - 建构区规则与标识的意义
    - 建构区规则制定与标识创设的原则
    - 建构区规则与标识的类型
  - 建构区规则制定与标识创设的策略
    - 小班建构区规则制定与标识创设的策略
    - 中班建构区规则制定与标识创设的策略
    - 大班建构区规则制定与标识创设的策略
  - 建构区规则制定与标识创设案例
    - 建构区规则制定案例
    - 建构区标识创设案例

第一节　建构区规则与标识概述

一、建构区规则与标识的意义

（一）建构区规则的意义

在谈建构区的规则之前，让我们先来了解一下规则到底是什么。规则一般指由群众共同制定、公认或由代表人统一制定并通过的，由群体里的所有成员一起遵守的条例和章程。在日常生活中，每个人都需要遵守规则。几千年前的法令到如今的法律都是人们生活在社会中所须遵守的必要规则。此外，在不同的群体和环境中，人们也有需要遵守的规则。规则具有绝对或相对的约束力，这样的约束力是社会正常、平稳运行的必要条件。由此可推出，建构区规则是由参与建构区的群体共同制定、公认或由代表人统一制定并通过的，由参与建构区的所有成员一起遵守的条例和章程。（这里的“参与建构区的群体”通常情况下包括教师与幼儿。）

建构区规则同样具有绝对或相对的约束力，是建构区游戏平稳进行的必要条件。此外，对于3—6岁的幼儿来说，“一日生活皆课程”，建构区规则的意义不止于此，还包括：

（1）通过对建构区规则的学习、遵守与制定，能够培养幼儿良好的收纳整理、按类摆放、按需取用的行为习惯。

（2）建构区规则的制定能够大幅提高建构游戏的安全性，排除一定的安全隐患，保障幼儿游戏安全。

（3）建构区规则可以在潜移默化中发展幼儿对建构区游戏的规则意识。

比如，积木收拾整理规则。由于建构区的特殊性，整理摆放也是建构区游戏的一个重要环节，而且众多形状不同的积木对幼儿的归纳整理能力提出一定的考验。部分幼儿常常会觉得这个环节很“烦”。从行为习惯来看，这一规则能够帮助幼儿养成有序整理、按类摆放、按需取用的良好习惯。从规则意识来看，这一规则能够帮助幼儿意识到弄乱的东西是需要自己整理的，并且从哪里拿来就要放回哪里去。

积木收拾整理规则

佩戴安全帽规则

又如，佩戴安全帽规则。建构区的积木一旦搭到一定高度就存在危险性，这时佩戴安全帽规则就有了其存在意义。从行为习惯来看，这一规则能够帮助幼儿养成保护自己，进入特殊区域佩戴安全装备的习惯。从规则意识来看，这一规则能够帮助幼儿意识到进入特殊区域，需要按规则佩戴安全装备，根据情况合理保护自己。

（二）建构区标识的意义

标识是指用来识别的记号。相较于规则来说，标识的含义简单了许多。任何用来识别的记号都可以被称作标识。标识的特点有功用性、识别性、显著性、多样性、艺术性、准确性和持久性。标识的本质特点为“功用性”，最突出的特点为“显著性”。标识通过“记号”这个载体，发挥其功能，以直观、显著的方式让人看一眼就知道其含义，从而发挥其“功用”。

交通标识

比如，禁止停车的标识。通过直观、显著的图示方式，让人理解此处不可以停车的含义。当然，除此之外，生活中还有各种不同的交通标识、广告标识、指示标识等。这些标识让许多需要用文字表达的内容变得简单明了，让生活变得更加便捷。

由此可推出，建构区标识是建构区用来识别的记号。从广义上讲，只要是用于建构区的标识都可以称为建构区标识。对于3—6岁的幼儿来说，建构区标识的意义在于：

（1）帮助建构活动更顺利地开展，表达出建构区的要求。

（2）吸引幼儿的注意力，激发幼儿的建构兴趣。

（3）加强幼儿与区域、标识的互动，帮助幼儿有序规划下一步的建构活动。

学前期的幼儿处于“前运算阶段”，这个阶段的幼儿认识的文字非常少，且在思维方面更多的还是具体形象思维，他们借助于表象来代替外界事物。相较于文字，标识更易理解、更加直观，这一特点决定了幼儿能看懂、理解、制作标识，容易产生与其互动的兴趣。

二、建构区规则制定与标识创设的原则

（一）自主性原则

幼儿是独立的个体，他们在活动过程中能够总结出自己的经验。面对这些经验，教师应当充分尊重幼儿的自主性，根据幼儿的实际发展情况尽可能多地把权力交给幼儿，让他们来主导规则的制定与标识的创设。

（二）适宜性原则

随着年龄的增长，幼儿的能力水平会不断提高，建构区投放的材料也会有所不同。在不同的游戏水平与投放材料下，幼儿在活动中自然会遇到不同的问题，这就需要不同的规则与标识来支持幼儿游戏，促进其发展。因此，在规则的制定与标识的创设中，适宜性原则也是十分重要的。

（三）安全性原则

建构区的游戏不同于其他区域的游戏，积木尤其是大型积木对于幼儿来说是存在一定安全风险的。因此，在制定规则与创设标识时就要考虑到这一点，加入相应的规则与标识来保障幼儿的安全。例如，进行大型积木游戏时，要求幼儿戴好安全帽，不扔、砸积木，将大型积木摆放的标识放在靠下的位置等都可以降低幼儿在建构游戏中的安全风险。

案例：修改建构区规则（大班）

案例描述：

原规则中有一条：听到活动结束的音乐时，要马上将材料收拾整齐。但是，有时幼儿的搭建还没有完成，他们还想继续搭建。于是，幼儿在一起商讨如何才能满

足继续搭建的需求。达成一致意见后，他们修改了活动结束音乐响起时必须马上收拾材料的硬性规定，改为可以保存好现状，到自由活动时再继续，谁都不可以去拆除。

原规则中还有一条：区域活动结束时，要将所有的积木收拾好并放回原位。但是，随着幼儿能力的发展和建构活动的深入，有时区域与区域之间是联动的，建构区的材料用于图书区了，美工区的材料又用于建构区了。于是，幼儿又进行集体商讨，并修改了规则，允许跨区使用材料。

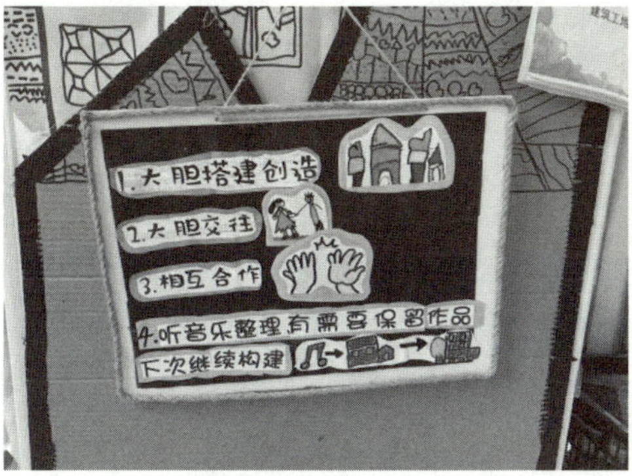

新规则

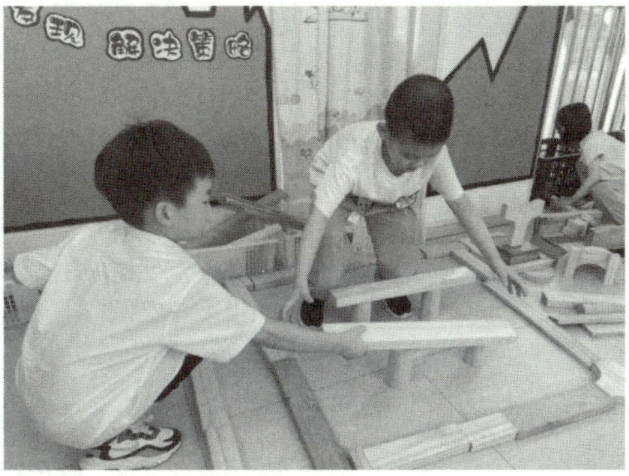

自由活动时继续建构

跨区规则绘制

跨区使用美工材料

案例分析：

本案例充分体现了自主性原则与适宜性原则，根据幼儿的意志与实际需要把原来的规则修改为更实用、更适宜的规则。当然，在不拆除未完成作品的情况下，还应进一步考虑安全性问题。例如，当建构区处于不方便行走状态或建构的高度较高时，可以设置围栏、警告标识等来确保安全，以及收拾积木时要注意不碰倒积木等。

（案例提供：吴江区七都幼儿园　徐希丹）

三、建构区规则与标识的类型

（一）建构区规则的类型

建构区规则的类型可以从功能、形式、时效、制定时间等不同角度进行划分。

1. 从规则功能角度划分

从功能上看，规则可以分为以下几类：

（1）安全规则：建构区中的积木要轻拿轻放，不得投掷。

（2）组织规则：每次可同时进入 6 人。

（3）材料取用规则：积木要按某种既定的要求收纳整理。

（4）交往规则：不争抢积木、分工合作等。

（5）内隐规则：建构区中的汽车通行要遵守安全规则。

（6）具体事件规则：针对具体事件的规则。

建构区规则个例

内隐规则

2. 从规则形式角度划分

从形式上看，规则可以分为口头规则和书面规则。这两种规则是根据具体需求来选择的。

如果规则是新提出的或是重要的、难以纠正的，那么通常会采取书面规则的形式，即以规则条、规则板的形式进行记录。

如果规则针对的是已经提到过的或较易纠正的问题，那么通常会采取口头规则的形式进行提醒、强化。

3. 从规则时效角度划分

从时效上看，规则可以分为普适性规则和临时性规则。这两种规则通常是并存的，普适性规则可以帮助幼儿养成良好的行为习惯，而临时性规则可以辅助活动更好地开展。

普适性规则在规则牌上总会有一席之地，如每次可进几人、拿取的积木要放回等。临时性规则更倾向于具体事件、材料、问题等，如当要进行一次大型主题建构且一次活动无法完成时，可以制定临时性规则——保护他人未完成的建构作品；当添加新的建构材料，如纸杯等时，可以制定临时性规则——保护纸杯，避免踩踏。

普适性规则

4. 从规则制定时间角度划分

从制定时间上看，规则可以分为预设性规则和生成性规则。这两种规则在实际的建构活动中是相互穿插出现的。

预设性规则大多是教师或幼儿依据过往的经验或根据实际情况制定的规则。但是，随着活动的发展，预设的规则可能会暴露一些问题，或者因为缺乏一些规则，建构活动中可能会出现各种矛盾。这时，生成性规则就有了存在的必要。当实际的建构活动中出现问题时，教师与幼儿可以采用协商、讨论、投票等各种方式修改或剔除不合适的规则，并增添新的规则。

那什么时候是增添规则、更改规则的恰当时间呢？

（1）当幼儿之间出现问题、矛盾，教师认为需要制定规则来解决时。

（2）当新材料、新游戏出现时。

（3）在实际的建构活动中，当教师发现问题时。例如，游乐场的建筑建成后，有小朋友推倒了这一建筑，导致“建筑师”小朋友在区域内哇哇大哭了起来。

以上这些都是制定生成性规则的时机。当然，这样的问题不止出现在一个班级内，很多班级都出现了这一问题。那么，最终是如何解决的呢？不同班级有不同的解决方法：有的班级选择在讲评环节由教师或幼儿提出这一问题，请其他幼儿来解决，从而口头制定规则；有的班级选择在问题发生时由教师及时抛出问题，请幼儿自己协商解决；有的班级选择由教师拍下照片，请幼儿自己说一说问题出在哪里，可以如何制定规则，并以小组为单位绘制规则，然后通过举手表决选择其中一幅规则图放到规则板上。

案例：绘制建构区规则（大班）

案例描述：

小朋友们在建构区搭建时，钱钱推倒了成成搭的房子。成成看见自己还没有搭好的房子被弄坏了非常生气，要求钱钱复原并道歉。钱钱则表示自己不是故意的，他以为搭好了，该搭新的了，才去推倒的，并没有想到成成不想让房子被推倒。

这样的事情在建构区经常发生，于是老师用照片记录了下来，并在讲评环节请小朋友们想一想可以怎么做。有小朋友提出可以增添一个规则，在牌子上画上要注意的事项。小朋友们都觉得这是个好主意，平时画画很棒的两个小朋友主动提出由自己来绘制规则牌。其他小朋友则各自为她们出谋划策。

推倒积木

绘制规则牌

听了大家的建议，两个小朋友很快就用水彩笔在白纸上画好了规则牌。规则牌已经画好了，但是现在有两块规则牌，应该用谁的呢？小朋友们经过讨论决定在班级里进行一次“建构区规则牌投票”，让大家投票来决定。

在投票时，瑶瑶和汀汀热情地介绍了自己绘制的规则牌上的内容。

瑶瑶说：“我设计的规则牌表示我们要做好朋友，合作游戏；我们在建构区要小心自己的手，不可以故意推倒积木；我们的房子要设计得牢固一些……”

汀汀说：“我设计的规则牌表示我们进入建构区后要小心自己的手和脚，不要碰倒建筑；我们要看好自己的手，不可以故意推倒别人的建筑；我们可以给搭好的房子或城堡做一个围墙，防止被别人不小心破坏……”

瑶瑶和汀汀介绍完自己的规则牌后，小朋友们开始投票，最后汀汀设计的规则牌得票更高。大家一致决定把汀汀的规则牌投放到建构区中。但新的问题出现了，规则牌上放不下新的规则了，这该怎么办呢？

绘制完成的规则牌

这时，有小朋友提出，“佩戴安全帽”这条规则可以去掉，现在大家在搭建很高的建筑时都会自觉戴上安全帽了。于是，老师取下了这一规则，换上了新的规则。

投票表决

实践表明，以上这种方式是规则制定最为有效的方式之一。因为在这种规则制定方式下，小朋友的参与度是最高的。

案例分析：

幼儿更愿意遵守自己参与制定的规则。因此，在生成性规则中，幼儿参与度高的规则制定方式会更为有效。当然，规则制定方式的选择要根据问题的实际情况来定，要根据幼儿的实际能力水平、具体年龄段来选择相应的规则制定方式。另外，规则可添加，也可减少。当幼儿都能遵守某一规则时，教师可以去掉这一规则，更改原有的规则或增添新的规则。如果去掉规则后再次出现幼儿不遵守的情况，教师可以根据实际情况选择进行口头的规则提醒，或者重新更换上原来的规则牌。

（案例提供：吴江区同里幼儿园　计方翔）

（二）建构区标识的类型

建构区标识的类型可以从摆放位置和性质两个角度进行划分。

1. 从标识摆放位置角度划分

从摆放位置上看，标识可以分为柜面标识、墙面标识、地面标识和桌面标识。建构区标识可以采取照片的形式，也可以采取师幼手绘的形式。

（1）柜面标识。

柜面通常会设置一些取放归类标识，当然也可以贴在容器上。以下是几种常见的建构区柜面标识，当然还可以根据实际情况设置不同的标识。

按图形分标识

这类标识大多出现在小班建构区。小班幼儿可以按照图形对积木进行简单的分类。

按图形分标识

按材质分标识

如木制类、罐子类、纸筒或纸杯类等。此种分类方法多见于小班，其他年龄段也有涉及。

按材质分标识

按大小分标识

主要用在单元积木上，通过大小分类，把数学融入建构分类之中。

按大小分标识

图形合并摆放标识

既有图形，又有摆放方式。这类标识能提醒幼儿摆放的方法，帮助幼儿把积木垒放整齐。

图形合并摆放标识

（2）墙面标识。

墙面相对于柜面来说面积较大，并且是幼儿较易观察的空间。因此，墙面标识大多为一些可供幼儿参考、记录幼儿建构过程的内容。常见的建构区墙面标识如表 4-1 所示。

表 4-1 常见的建构区墙面标识

<table>
<tr><th colspan="2">过程类展板标识</th></tr>
<tr><td>本期主题</td><td>提示本期建构的主要内容</td></tr>
<tr><td>参与图片</td><td>记录与展示幼儿的建构过程</td></tr>
<tr><td>我的设计、计划</td><td>供幼儿设计建构内容，画下建构计划</td></tr>
<tr><td>我的合作</td><td>供幼儿以画、写等方式记录自己的分工、合作，也可以采取照片形式进行记录与展示</td></tr>
<tr><td>我的作品</td><td>展示建构作品，让幼儿获得成就感</td></tr>
<tr><td colspan="2">
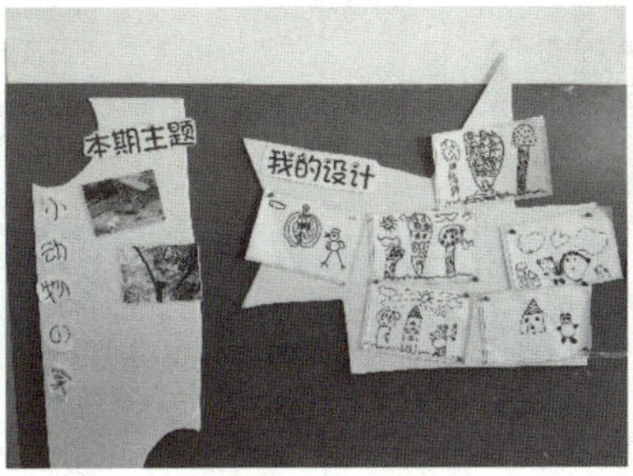

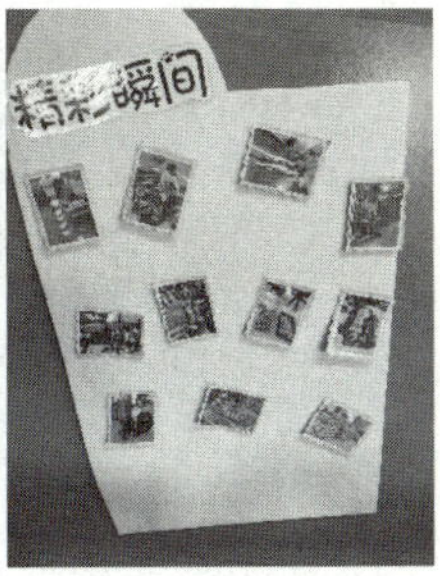

</td></tr>
<tr><th colspan="2">建构技巧类标识</th></tr>
<tr><td>展示一些简单的建构技巧，如垒高、架空、围合等，供幼儿在实际的建构活动中采用，帮助幼儿更有条理地开展建构活动</td><td>

</td></tr>
<tr><th colspan="2">解决办法类展板标识</th></tr>
<tr><td>幼儿在建构过程中遇到困难，可以说出或画出自己的困难，并在困难解决后画出解决方法。当然，这种方法要求比较高，可以根据实际情况、年龄段等做出调整。例如，在活动后的讲评环节，请幼儿说一说困难及其解决方法，并请个别幼儿画一画后展示。其他幼儿遇到相同困难时可通过展板借鉴。小班则可由教师画一画、贴一贴</td><td>
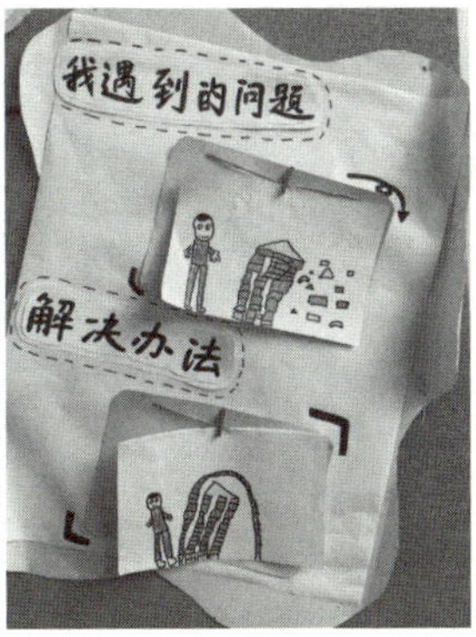

</td></tr>
</table>

（3）地面标识。

常见的建构区地面标识有组织性标识、取放类标识和警示类标识，如表 4-2 所示。

表 4-2 常见的建构区地面标识

组织性标识	取放类标识	警示类标识
如地面上的小脚丫、小火车，通过标识与鞋子的摆放对应确定可入区的人数	大型积木无法入柜或积木过多无法入柜时，可放于地面，取放类标识也会同步在地面上出现	警示类标识大多根据班级的实际需求进行设置，能够促使建构区的活动更好地进行
		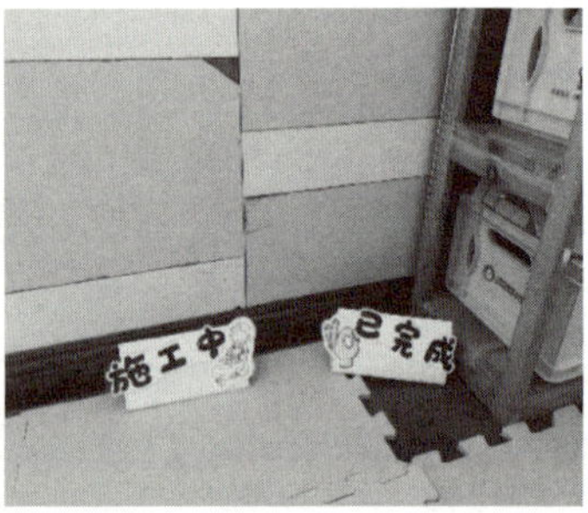

（4）桌面标识。

以上标识大多较适合用于地面建构。对于桌面建构，可以设置桌面标识。例如，一些简单的屏风类、三脚架类的建构流程图等，可以放于桌面供幼儿参考。这类标识一般不宜过大，要给幼儿的建构活动留出充足的桌面空间。

桌面标识

2. 从标识性质角度划分

从性质上看，标识可以分为装饰性标识、提示性标识和知识类标识，如表 4-3 所示。

表 4-3 建构区不同性质标识分类表

分类	作用	分析	
装饰性标识	美化环境、烘托氛围	如游乐园主题的装饰性标识，可以激发幼儿建构游乐园的兴趣，甚至可以把幼儿的思绪拉到游乐园的回忆场景中。良好的建构环境与氛围能够激发幼儿的建构兴趣，使幼儿更为深入地投入建构活动之中	
提示性标识	整理提示、提供帮助	如积木分类摆放标识、幼儿建构分工计划标识、警示类标识、解决类展板标识等都属于提示性标识。这些标识在活动过程中为幼儿建构的进一步深入提供相应的提示与帮助	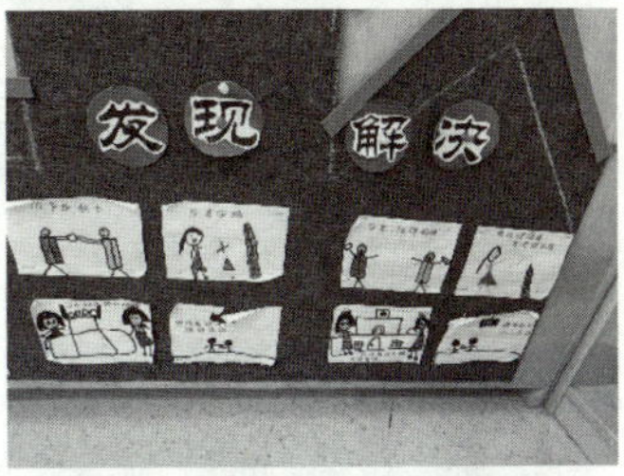
知识类标识	拓展知识、提供参照	墙面展板上的主题建筑物照片、一些建构方法的图式等都属于知识类标识。这些标识为幼儿提供相应的参照，帮助幼儿自主拓展社会、人文、建构知识，幼儿通过建构尝试进一步丰富建构知识	

第二节 建构区规则制定与标识创设的策略

建构区规则与标识要依据幼儿的阶段性心理特征来创设。3—6 岁为学前期，在这一阶段，幼儿的心理发展具有明显的阶段性特点，即认识活动的具体形象性、心理活动及行为的无意性、开始形成最初的个性倾向。

一、小班建构区规则制定与标识创设的策略

（一）幼儿情况分析

建构区规则制定与标识创设，要根据幼儿的实际情况进行，因此对班级幼儿的情况进行分析是十分必要的。

小班建构区规则与标识集合

小班幼儿大部分是入园的第一年，他们处于幼儿初期。这个阶段的幼儿好奇心强，爱模仿，思维仍带有直觉行动性。3 岁左右的幼儿有一个明显的变化，就是什么事情都希望自己独立进行，有非常强烈的独立愿望。但与之相对的是，他们的认知水平较低，对于园内的规则与标识也处于初步接触阶段，规则与标识意识较为淡薄，建构技能水平较低。在语言发展方面，他们处于词汇积累阶段，能够说一些简单的句子。

（二）教师主导制作

小班幼儿有独立的愿望且更愿意接受自己参与制作的规则与标识，因为亲身参与有利于他们更好地理解和执行规则与标识。但刚入园的小班幼儿认知水平与建构能力不足，让幼儿主导规则的制定与标识的创设是很困难的。此时，教师就要做一个“隐性”的主导者，让幼儿认为是自己在主导。教师可以先明确提出或通过图片等暗示幼儿应如何做，对于需要幼儿了解的知识、内容及最后的规则与标识，让幼儿自己说出来、画出来，然后再进一步完善这些规则与标识。

（三）幼儿理解执行

有了规则与标识之后，教师就要考虑如何让幼儿更好地理解。考虑到小班幼儿的理解能力较弱，教师需要帮助幼儿理解规则与标识。教师可以简单地口头复述规则、描述标识，但对规则与标识的复述、描述要用正面的句子，简单且直白。然而，这样往往是不够的，小班幼儿的思维仍带有直觉行动性，因此教师可以通过“小剧场”的形式，请个别幼儿上前模拟游戏情景，来帮助他们理解规则与标识并加深记忆。此外，小班幼儿的具体形象思维开始发展并逐步完善，因此规则与标识均需要直接以图片或照片形式展现，以帮助幼儿理解。

理解了规则与标识之后，教师就要考虑如何让幼儿更好地执行。小班幼儿规则与标识意识尚未全面树立，有很多幼儿是不愿意执行规则、利用标识的。此时，最好的方法是“榜样作用”与“奖励强化”。幼儿初期独立性差，爱模仿。随着幼儿入园学习，他们的重要他人逐步转变为教师与同伴，因此教师的榜样作用显得尤为重要。教师进入建构区与幼儿一起游戏时，要以身作则，执行区域内的规则、利用区域内的标识。同时，游戏结束之后，教师可以对幼儿进行奖励，发挥幼儿的榜样作用。师幼一起说一说为什么要奖励，被奖励者执行了哪些规则、怎样利用了标识等，从而对被奖励者进行强化，对未被奖励者进行替代强化。通过这样的方式，可以激发幼儿执行规则、利用标识的意愿与兴趣。

（四）在实践中完善

即使小班幼儿能够理解并执行规则与标识，在日常的建构区活动中，依旧会出现一些小问题：可能是积木未放回原处，可能是争吵打闹，可能是拼搭不成功，等等。这时，教师可以对规则与标识的含义进行强调，在活动后的点评环节通过视频、照片等再现游戏情景并引导幼儿发现问题，请幼儿想一想、说一说应该怎么做等。在日常的建构区活动中，要进一步强化幼儿对规则与标识的理解和执行，不断完善规则与标识的创设。

二、中班建构区规则制定与标识创设的策略

（一）幼儿情况分析

中班幼儿在幼儿园已经有了一年的学习经验，思维方式逐步向具体形象思维转变，行动的目的性、方向性与控制性也都有所提高。中班幼儿对园内的环境与规则有了一定的认知和理解，对建构区的游戏方式有了自己的体验与感受，建构技巧也有了一定程度的积累。中班幼儿语言表达相对更加完整，词汇积累更加丰富。

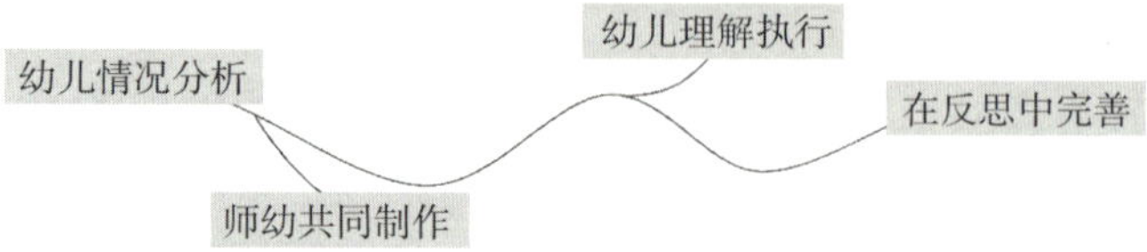

中班建构区规则与标识集合

（二）师幼共同制作

中班幼儿身心有了一定的成长，能够尝试制定规则与创设标识。这时，教师与幼儿可以共同制定规则、设计标识板。规则的制定与标识的创设可以由幼儿通过画一画或拍照粘贴的方式进行。当然，整个过程仍然需要教师的引导和指导，教师更多的是充当建议提供者。当幼儿遇到无法解决的问题时，教师也可以从旁协助。

（三）幼儿理解执行

规则制定与标识创设完成之后，教师同样要面对帮助幼儿理解与执行的问题。中班建构区的规则与标识更多的是师幼共同制作的，那么教师或者绘制的幼儿就要向更多幼儿描述规则与标识的含义。中班幼儿语言能力有了进一步的发展，因此对规则与标识的描述可以更多通过语言进行，甚至可以通过语言举一些假设的例子，以避免日后在规则执行、标识利用中出现相关问题。另外，中班幼儿处于具体形象思维阶段，因此构建区的规则与标识还是要以图片为主。但他们也掌握了一些简单的数字及文字。在幼儿认知范围内，教师可以尝试在规则与标识中加入一些简单的数字及文字。当然，这时的幼儿掌握的文字还很少，要注意使用的比例，避免出现幼儿不理解的情况。活动后的点评环节依旧是必不可少的。中班幼儿可以更多地运用自评、互评的方式来点评。对于规则执行与标识利用情况较好的幼儿，给予语言、贴纸等奖励，以引发幼儿主动执行规则、利用标识的行为。

（四）在反思中完善

在中班阶段，规则与标识的完善与小班阶段相比还是有所不同的。进入中班后，幼儿的理解能力显著增强，对很多常规已非常熟悉。在这个阶段的讲评环节，除让幼儿点评自己与他人的行为以外，教师还可以让幼儿反思活动中遇到了什么困难，哪些规则与标识已经不适用，哪些新的创意可以增加到规则板、标识板上，怎样做会更好，通过反思逐步完善规则与标识，使规则与标识同幼儿的能力一起发展。

三、大班建构区规则制定与标识创设的策略

（一）幼儿情况分析

大班幼儿处于幼儿园学习的最后一年，爱学、好问、求知欲强，抽象思维开始萌芽，能力有了进一步提高，能够主动自发地探索、解决更多的问题，文字的认知范围也有了扩展。这个阶段的幼儿规则意识逐步形成，对建构区内的规则有了更深的理解，并能将规则内化；建构技能进一步提升，能够拼搭更为复杂的作品；表达、表现能力进一步增强，表现形式进一步多样化。

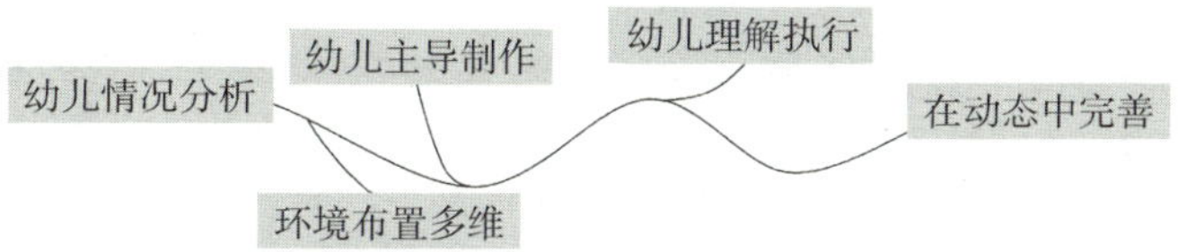

大班建构区规则与标识集合

（二）环境布置多维

大班的环境布置与小班、中班有着很大的不同，因此在制定规则与创设标识前首先要明确环境布置的基调。大班幼儿抽象思维开始萌芽，在环境创设过程中，除一些平面的图片、文字以外，可以适量加入立体元素，如摆放标识牌、规则牌、建构设计图等。这些内容可以是教师预先设计的（一般是一些复杂或预设的内容，如摆放标识牌等，起到启发引导的作用），也可以是幼儿绘制的，如建构设计图、规

则牌等。通过融入“立体化”元素，可以帮助幼儿在建构游戏中潜移默化地发展相应的思维。当然，立体元素的加入也要根据本班幼儿的实际情况来定。

另外，大班幼儿识字量也有相应的增加，可以在规则与标识中适当加入一些文字。但值得注意的是，幼儿识字量存在个体差异，因此规则与标识中，文字还是不宜过多。教师可以让幼儿在设计时自主加入一些简单的文字。当然，文字的使用还是要根据本班幼儿的实际情况来定，不做硬性规定。大班幼儿本质上还处于具体形象思维阶段，图片仍旧是“主旋律”。

（三）幼儿主导制作

明确环境布置的基调之后，教师就可以鼓励幼儿自主制定规则与创设标识了。进入大班后，幼儿的能力发展是令人惊叹的。这个阶段的幼儿自主意识更强，且其能力能够支撑他们去探索、设计。因此，对于大班建构区规则的制定与标识的创设，教师可以放手让幼儿自主进行。当然，这也需要得到大多数幼儿的同意，教师在整个过程中更多的是充当组织者和观察者。在幼儿犹豫不决时，教师可以给予相应的指导和引导，鼓励幼儿尝试取得新的突破。幼儿创设成功后，教师可以请幼儿分享自己的创设成果。

（四）幼儿理解执行

大班建构区的规则与标识大部分由幼儿自主制定和创设，这意味着有很多规则、标识都是个别幼儿制作完成的，而让其他幼儿理解这些规则与标识非常重要。这就需要参与设计制作的幼儿对规则牌、标识牌做相应的介绍，只有其他幼儿理解并同意后方可将其投入建构区中。教师可以通过引导其他幼儿提出问题的方式来加深其对规则与标识的理解，最后通过投票表决的方式来决定是否投入使用。

大班幼儿的执行力很强，在游戏中幼儿也会一起来监督规则与标识的执行情况。出现问题时，大多会在当场解决，偶有遗留也可以在点评环节提出，根据实际情况来决定是否修改规则与标识。通常情况下，大家都赞同的规则与标识能被执行得很好。

（五）在动态中完善

大班幼儿游戏能力不断提高，游戏形式更加多样，游戏材料更加丰富。相应地，建构区的规则与标识需要不断更新。在遇到新的问题时，幼儿可以进行探索，增加临时性规则、警示类标识等。在这个过程中，幼儿可以不断探索规则，设计标识。甚至规则与标识创设可以成为建构区活动的一部分，幼儿可以在这样的活动中不断完善规则与标识，并从中感受“工作”的乐趣。

当然，建构区中出现的问题并不是一成不变的，各班幼儿的能力水平也有所不同。教师要根据实际情况来选择具体的规则与标识制作步骤和方式。

第三节 建构区规则制定与标识创设案例

一、建构区规则制定案例

案例一：从实际问题出发制定规则（小班）

案例描述：

建构区创设完毕，开始投入使用。游戏开始前，老师与幼儿一起学习了建构区的游戏规则。游戏开始后，还没到两分钟，就传来了孩子的告状声。“你弄倒了我的积木。”小晴说。“对不起。”小轩主动道歉，并帮小晴搭好了积木。

幼儿道歉

幼儿帮助搭建

过了一会儿，小琪在跨过小枫搭建的积木时，不小心带倒了他的积木。小琪停在原地不动了。小枫拉着小琪说：“你把我的积木弄倒了。”小琪说：“对不起，我不是故意的。”

在游戏讲评环节，老师展示了两张照片，问孩子们：“你们看到照片中发生了什么事？”小晴说：“小朋友把别人的积木弄倒了。”老师追问：“如果你弄倒了别人的积木，你应该怎么办？”小轩说：“说对不起。”老师继续追问：“如果你的积木被别人弄倒了，你是什么心情？你希望别人怎么做？”小晴说：“我会不开心。我希望别人帮我搭好。”

在与孩子们讨论后，老师总结出建构区游戏的一条新规则：弄倒别人的建构作品时要说对不起，并帮别人搭好。

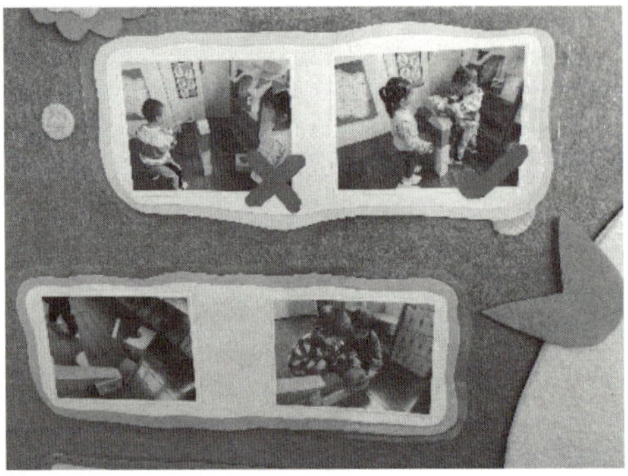

用照片记录

在规则板中加入新规则

案例分析：

制定游戏规则的目的是促使幼儿有序、友好地进行游戏。一开始，教师制定的游戏规则过于笼统，未能聚焦本班幼儿的实际情况，对幼儿游戏水平提升的作用有限。当教师关注幼儿实际遇到的问题并将其总结提升作为规则呈现时，规则板才开始真正发挥作用。另外，小班幼儿以具体形象思维为主，规则板应以幼儿能够理解、认可的图片为主进行展示，所以教师对规则板的呈现进行了一定的调整。

（案例提供：吴江区同里幼儿园　沈梦迪）

案例二：增添新材料引发的规则“危机”（中班）

案例描述：

这一周，建构区中投放了一种新的辅助材料——玩具小汽车。受小汽车的吸引，小朋友们对建构区的热情又一次高涨起来。但几天玩下来，建构区出现了越来越多的“声音”。

“她抢走了我先拿到的小汽车！”晟晟说。

“他都玩了很久了，我还没有玩过呢。”汐汐不满地说。

“小汽车是用来做什么的呢?”乐乐满是疑问地说。

原来，小汽车出现后，很多小朋友一到建构区就先抢小汽车，常常用几块积木简单地铺了一条马路就开始专心玩起了小汽车。区域活动结束后，老师和小朋友们一起查看了各区域的今日情况，小朋友们都发现，原本能搭出很多漂亮建筑的建构区里没有新建筑了，大家都在玩小汽车。

老师问小朋友们：“没有人搭建了，这可怎么办呢?”

小朋友们纷纷提出了自己的想法，有的说不能一直玩小汽车，有的说小汽车应该是用来装饰的，还有的说要搭建好后再使用小汽车。

老师肯定地说：“没错，小汽车是建构区的辅助材料，不能只玩小汽车，在使用小汽车的同时，也不能忘记建构区的主要任务。那如何把小汽车加入我们的搭建呢？”

幼儿争着玩小汽车

幼儿提出自己的想法

最后，在小朋友们的商量下，老师决定将建构区的本期主题设定为“小汽车”，小朋友们想了很多与汽车相关的建筑设施，有的说可以搭一个停车场，有的说可以搭一条大马路，有的说可以搭一个加油站。第二天，小朋友们就行动了起来，建构区又恢复了往日的忙碌。

搭建与小汽车相关的建筑

设定本期主题

案例分析：

相较于小班建构区，中班建构区中应当增添一些辅助材料，以丰富幼儿的建构内容。在加入辅助材料后，教师要关注材料之间的互动性、材料的适宜性、幼儿对材料的使用情况等。在上述案例中，幼儿对小汽车很感兴趣，但忘却了建构区的基本规则。教师可以抓住幼儿的兴趣所在，在讨论这个话题的过程中，使幼儿主动地对这一事物进行深入思考，发挥他们的想象力与创造力，从而进一步发展他们解决问题的能力。同时，教师也对规则板的呈现进行了一定的调整。

（案例提供：吴江区同里幼儿园　许媛）

案例三：由幼儿主导规则修改（大班）

案例描述：

大班建构区中投放了很多木制积木、小木片、单元积木等。小朋友们对这些积木非常感兴趣，愿意来建构区的小朋友越来越多了，但同时也出现了许多问题。

区域活动结束后，其他区域都整理完毕了，可是建构区的整理工作还在继续。老师多次催促后仍未完成，直到用餐时间开始，小朋友们才收拾完积木。老师在验收时发现建构区的积木乱七八糟的，于是在餐后增加了建构区的讲评时间。老师提供了建构区的现状照片，并请建构区的小朋友们看着照片说一说自己发现了什么。

小朋友们说出了很多，有的小朋友没有把积木放入相应的筐内，有的小朋友不收拾积木一直在等待，有的小朋友在别的小朋友收拾积木时进行捣乱。

老师听后说："好的，我知道你们的问题了。第一点是积木没有放入相应的收纳筐内，这一点我们在小班时就学会了哦。筐上有相应的图片，下次我们要注意。第二点是积木收拾的时间不够。这一点哪个小朋友可以给我们一点建议呢？有办法吗？"

小朋友们都提出了自己的想法，有的说可以提前收拾，或者请其他区域收拾完的小朋友帮忙。有的说积木可以用一点拿一点，甚至可以分工合作，有的摆放积木，有的捡积木，这样可以缩短整理时间。还有的说可以保留建构作品，不将积木推倒。

在大家的商讨下，最后对建构区中的一些规则进行了修改：

（1）区域活动快结束时，老师会播放两遍收拾整理的音乐。第一遍音乐响起时，建构区的小朋友就可以先开始整理了。其他区域整理完成的小朋友也可以去帮忙。

（2）积木用多少拿多少，并且每次建构活动都选一名分工小组长，由他来给大家分工，大家一起根据分工来整理。

（3）对于搭建完成的、小朋友们舍不得推倒的作品，可以用画画或拍照的方式记录下来。对于没有搭建完的，大家也不推倒它。

规则建立后，老师请小朋友在区域前再次解读了新的规则板，以帮助小朋友们加深印象与理解。

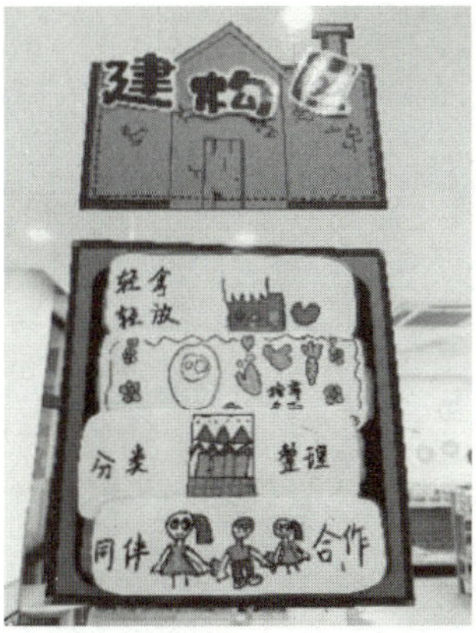

原来的规则板

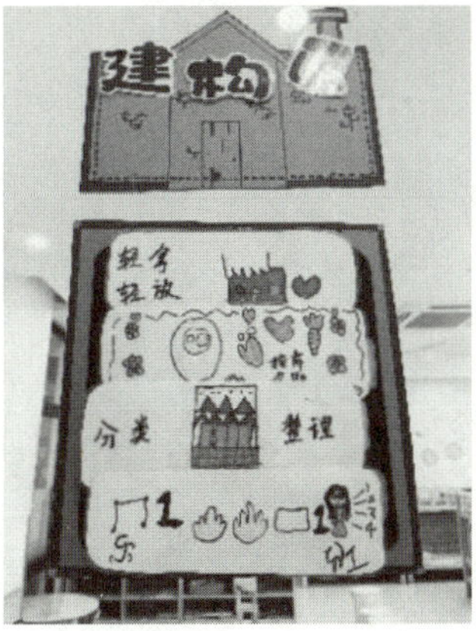

新的规则板

幼儿绘制新规则

案例分析：

在上述案例中，整个问题解决过程是以幼儿为主的，规则的制定与修改从幼儿的实际问题出发，由幼儿自己寻找问题并提出解决方法。一开始，规则并没有作为规则条来呈现，但在下一次建构活动中，来不及收拾整理的问题再次出现，教师便请幼儿画下了规则，并作为规则条放入规则板中。

（案例提供：吴江区同里幼儿园　樊韵清）

二、建构区标识创设案例

案例一：提供知识类标识（中班）

案例描述：

进入中班后，班级开展了以桥为主题的建构活动。但是，在搭建过程中，老师发现幼儿对桥的搭建一直停留在平面状态，对桥的侧面阶梯等不知道如何去搭建。于是，老师把问题抛给了幼儿。

一个小朋友说："老师，桥的侧面有台阶，我们可以踩着上去的那种。"

老师说："是的，有台阶。那台阶是怎样的呢？我们该如何搭建呢？"

这时，小朋友们就产生了疑问。他们知道有台阶，知道是一阶一阶的，但具体是怎样的，特别是具体应如何搭建，他们回答不上来。于是，老师给小朋友们布置了一项任务：回家和家长一起收集关于桥的侧面的图片，并且开设了一块展示板，把小朋友们收集的桥的侧面图进行了张贴和展示。老师自己也收集了桥的侧面、背面等多个角度的图片，甚至呈现了桥细节部分的放大图片，也提供了一些关于搭建的简单技法图片。同时，老师还提供了一组有关同一物体多个角度的图片，有助于拓展幼儿对该物体全方位的建构经验。

有了多方面的图片展示后，小朋友们通过探索搭建出的“桥”也有模有样了。

搭出有模有样的桥

开设展示板

案例分析：

幼儿的知识与经验越丰富，建构游戏的主题、内容、过程就越丰富与多样。因此，教师为幼儿进行建构游戏创设的支持性环境要多方面、全方位地帮助幼儿开阔视野。除提供模型、绘本外，在建构区提供“知识类标识”是很有必要的。细致、放大、多角度的图片，一方面能弥补直接观察的不足，丰富和加深幼儿对建构对象的印象，帮助他们全面了解其造型特点和外形特征，从而积累丰富的知识与经验；另一方面对幼儿在图像与建构作品之间的表征转换提出了更高的要求和挑战。

（案例提供：吴江区同里幼儿园　夏芳）

案例二：开设区域规则与标识修改区（大班）

案例描述：

最近，班级新设了一个区域规则与标识修改区，位于美工区的角落里。今天，该区域迎来了第一批小主人。

芳芳拿着尺子，正在黄色的纸上用记号笔画线。

“芳芳，你在做什么标识呢？”老师问道。

芳芳边画边回答道：“老师，我们在建构区搭积木，有时会被旁边喝水的小朋友打扰。他们喝着水也不看路，乱走会碰倒我们的作品。我要做一个标识，把他们拦在外面！”

老师接着问：“那你打算怎么做这个标识呢？”

芳芳回答道：“我们已经商量过啦，上次我们学了标识，黄色的是警告标识，用来提醒大家注意，我要把它做成黄色的，上面画很多感叹号。我要多做几个，把小朋友们拦住，老师你可不可以帮我写上字啊？”

幼儿自制标识 1

幼儿自制标识 2

老师说："当然可以啊。"

没过多久，芳芳就成功制作出了一个地面警告标识。在区域活动结束后，芳芳向大家介绍了她制作的标识，该标识得到了全班小朋友的一致认可。根据小朋友们的提议，老师把它命名为"保护标识"。

幼儿自制标识 3

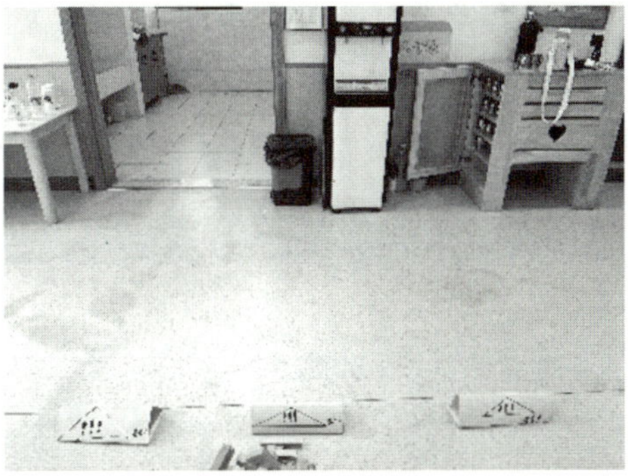

地面设置保护标识

案例分析：

幼儿升入大班后，各方面能力都有所提升。很多规则、标识都有改进的空间，而且每次在思考如何修改规则、标识时，幼儿都很有自己的想法。因此，教师就为幼儿开设了区域规则与标识修改区。幼儿进入大班以后，教师确实可以根据实际情况把更多的事情交给幼儿去做，他们总能给你带来意想不到的惊喜。

（案例提供：吴江区同里幼儿园　樊韵清）

案例三：增设改进区（大班）

案例描述：

幼儿园位于江南水乡，这里的建筑尤其有特色。小朋友们对这样的水乡特色很感兴趣。本学期，班级开展了以家乡建筑为主题的建构活动。今天的建构活动中有一个小朋友提出了自己的疑问。

芳芳："老师，我每次都想搭我们的'泰来桥'，明明我想得很好，但是'泰来桥'上有个亭子每次搭出来之后都和我想要的不一样，而且总是会少积木，这该怎么办？"

针对这个问题，老师组织小朋友们开展了一次讨论。有的小朋友认为可以用相机拍下来，这样可以看着照片搭；有的小朋友则认为可以画下来，并把需要的积木数量、形状都记录下来。

按照讨论的结果，小朋友们进行了实践，但最后要么是积木短缺，要么是搭出来的亭子不尽如人意。这可怎么办呢？虽然经历了一次次失败，但小朋友们并没有灰心，反倒是愈挫愈勇了。

文文："老师，我觉得我们可以把每一次搭建失败的也都拍照记录下来，把少了什么样子的积木或哪里搭得不对都记录下来。这样下一次才能改进。现在我们总是出现同样的问题。"

这可真是个好主意，小朋友们都认为可行。于是，老师在建构板上增设了一个改进区。小朋友们可以把出现的问题、缺少积木的情况都记录下来。经过多次尝试后，一个让小朋友们都满意的亭子终于搭好了。

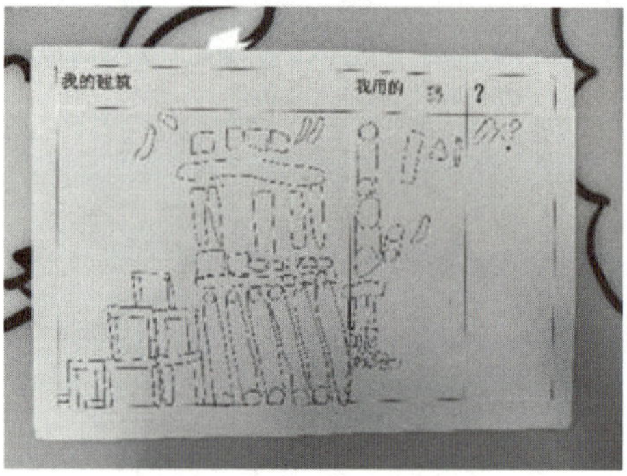

增设改进区

搭出满意的亭子

案例分析：

大班幼儿抽象思维开始萌芽，他们有了立体的概念，但在实际的建构、画图中要数清楚积木的数量还是很难的。教师可以引导幼儿开始尝试这样的活动，因为建构、点数、画图有助于他们的思维发展。通过这样的自制标识，幼儿可以看到自己在一点一点进步，并且不断修正自己原来的想法。

（案例提供：吴江区同里幼儿园　樊韵清）

第五章 丰富适宜 动态调整

——建构区材料投放

内容简介

建构区材料是建构区游戏中必不可少的元素。本章首先从建构区材料的概念、种类、特点等方面对建构区材料投放进行概述；然后进一步分析建构区材料投放的原则和一些注意事项；接着通过分析小、中、大班建构区不同材料的投放要求，帮助教师了解不同年龄段幼儿对建构区材料的需求；最后提出一些适宜的策略和相关的佐证案例，希望能够对教师选择和投放建构区材料有所帮助。

思维导图

- 建构区材料投放
  - 建构区材料投放概述
    - 建构区材料的内涵
    - 建构区材料投放的原则
    - 建构区材料投放的注意事项
  - 建构区材料投放的基本要求及实例
    - 建构区材料投放的基本要求
    - 自制材料游戏实例
  - 建构区材料投放的策略
    - 建构区材料投放的一般性策略
    - 各年龄段建构区材料投放的策略
  - 建构区材料投放案例
    - 小班建构区材料投放案例
    - 中班建构区材料投放案例
    - 大班建构区材料投放案例

第一节　建构区材料投放概述

一、建构区材料的内涵

建构区材料作为幼儿在建构区中的操作对象，是幼儿学习、建构、发展的重要媒介，幼儿从材料蕴含的信息中获取经验，从而萌发探索行为。建构区材料由各种结构元件组成，用于开展建构游戏，它的整体特点是不定型、非专门化、变化多。建构区材料包括积木、积塑等主要材料，瓶罐、纸、笔等辅助材料，以及教师或幼儿收集的各类废旧物品通过再加工制成的自制材料。同时，建构区不同材料的特点也决定了它们的作用与功能。

（一）建构区材料的概念

建构区材料是指幼儿所在班级建构区中的游戏材料，通常以小型建构材料为主、替代性材料为辅。从广义上讲，建构区材料是幼儿在进行建构游戏时所需要的各类物品和游戏素材，既包括班级建构区中投放的材料，也包括幼儿根据兴趣、需要所选择的其他材料。

（二）建构区材料的种类

建构区材料是建构游戏的重要组成部分，建构游戏对游戏材料的依存性大，没有游戏材料也就没有建构游戏。可见，游戏材料是建构游戏的基础，为建构游戏服务。由于建构区材料种类繁多，因此有必要了解其分类。按照材料形式的不同，建构区材料可分为主要材料、辅助材料和自制材料。

主要材料是幼儿在建构游戏中使用最多的材料，具有低结构化、数量多等特点；辅助材料是除主要材料以外的各种材料的总称，通常起到辅助幼儿更好地呈现作品的作用；自制材料是由教师或幼儿自己动手制作的各类建构材料。合理有效地使用各类材料，能够促进建构游戏的发展，不断丰富幼儿的建构经验。

（三）建构区材料的特点

建构区不同性质材料的特点与功能如表 5-1 所示。

表 5-1　建构区不同性质材料的特点与功能

材料性质	特点	功能
主要材料	是幼儿在建构游戏中使用频率最高的材料，以低结构材料为主，同时材料的结构、功能、玩法等具有多样化的特点。包括以大木块、木片、海绵积木等为主的地面建构材料和以各种形状的小型积塑、雪花片、乐高等为主的桌面建构材料。数量在建构区材料投放中占比较大	帮助幼儿提高建构能力和建构水平，促进幼儿想象力和创造力的发展
辅助材料	种类多样化，在建构游戏中使用较少，主要是为了美化或丰富建构作品。包括各种自然物、生活废旧物品、纸、笔、绘本和各种自制玩教具等。数量在建构区材料投放中占比较小	大多为了美化或丰富建构作品，还可以达到以物代物的效果，在搭建过程中起到画龙点睛的作用
自制材料	多围绕建构主题内容制作产生，或幼儿和教师利用收集到的各种废旧材料、手工材料等制作一系列与建构主题相关的材料	帮助幼儿加深对建构主题的认识，激发建构的灵性，增强建构的情境性

总之，建构区材料种类繁多，并且具有多样化、操作性强等特点，各类材料的性质也可根据幼儿的兴趣和主题的发展情况进行相互转化。例如，薯片罐通常作为幼儿收集的辅助材料投放到建构区中，一旦幼儿对薯片罐构造的兴趣高涨或开展与管道、圆柱体等相关的主题活动，薯片罐就能作为一种主要材料供幼儿操作与探索。因此，建构区材料性质的划分并非一成不变，需要根据实际教学情况来定。

二、建构区材料投放的原则

建构区材料投放的原则是指教师投放建构区材料时所要达到的基本要求。结合建构区本身的特点，教师在投放建构区材料时应遵循安全性和卫生性、多样性和可操作性、情境性和创造性等原则。

（一）安全性和卫生性原则

幼儿的大肌肉动作和手眼协调能力尚未发展完善，加上建构区材料种类繁多，一些地面建构材料体积较大且棱角分明，幼儿在搭建和玩耍过程中很容易受伤。因此，教师应高度重视建构区材料的安全性，多投放轻便、稳固的材料。此外，建构区材料数量多，使用频率高，损耗较大，易出现毛刺、破裂等现象，教师在观察幼儿游戏时应多留意和检查材料的安全性。定期对建构区材料进行检查，排查多方面的安全隐患，便于幼儿自主搭建的同时，也能保证幼儿肌肉动作的安全性。

在卫生方面，幼儿在进行建构游戏的过程中往往会发现有些游戏材料不卫生，如太臭了（有异味）、有灰色的东西（落了灰尘）等，尤其是奶粉罐、纸盒子等替代性材料。可见，教师在投放材料的过程中容易忽视对废旧材料的卫生管理，因此保育员应该定期对材料进行消毒和清理，共同保障幼儿的健康。同时，桌面建构材料和地面建构材料应采用不同的消毒方式，如小型桌面积塑可用 84 消毒液浸泡消毒，大型地面积木可采用消毒水擦拭、紫外线消毒等方式进行消毒。

（二）多样性和可操作性原则

建构区活动相较于其他区域活动，所需要的基本材料更多，同时建构区材料的结构、功能、玩法等具有多样化的特点，数量多、种类丰富的材料能够激发幼儿探究的兴趣，调动幼儿建构的积极性。因此，建构区材料的投放应遵循多样性原则，尽可能地根据幼儿兴趣和需要、教育教学发展需要，给幼儿提供更多可供选择的材料，进一步挖掘游戏材料的潜在功能。材料的多样性包括两层含义，一是材料的种类丰富，二是材料的玩法多样。

幼儿是在操作材料的过程中掌握建构技巧并构建自己的认知结构的，因此建构区材料的可操作性非常重要。建构游戏本身具有较强的可塑性，幼儿在游戏过程中天马行空地去创造和搭建各种物体，这些都离不开丰富的可操作材料。同时，材料玩法的可操作性也能进一步引发幼儿主动探索和自主建构的行为。幼儿喜欢可以拼搭、可以移动、较为稳固的游戏材料，教师尽管投放了不少材料，却很少关注材料是否方便操作、材料之间是否可以自由搭配组合。操作性不强的材料或操作难度超出幼儿能力范围的材料都会削弱幼儿的探究兴趣。

（三）情境性和创造性原则

幼儿的年龄特点决定了建构区材料的投放需要遵循情境性原则。在建构区，幼儿常用游戏材料代表日常生活中的某些事物，如小汽车、小动物、小朋友等进行象征游戏，这种通过“以物代物”创设情境、模仿真实生活的方式，使得幼儿更加投入游戏之中。教师要注意将幼儿的年龄特点贯穿建构区材料投放的始终。对于低龄段幼儿，其认知以具象化为特征，建构区材料的使用功能以装扮点缀为主，并且一些辅助材料的外形特征与物品的常规状态基本保持一致。对于中高年龄段幼儿，其抽象认知正在萌发，幼儿丰富的想象力和创造力会赋予材料不同的操作意义。一些生动形象、造型逼真的辅助材料和自制材料，能唤醒幼儿的生活经验，进一步推动幼儿游戏水平的提高。

幼儿能通过不同的建构方法用简单的材料拼搭出不同的造型，在这一过程中，幼儿的想象力和创造力得到提升，创新能力和探索欲望得到激发。因此，建构区材料的投放还应遵循创造性原则。同时，一些辅助材料也可作为建构中的替代性材料，用以激发幼儿的创作欲望。幼儿认为可探究的材料是充满趣味的，他们能通过操作这些材料体验积极情绪，在不断探索中获得快乐。可见，具有创造性的材料能够满足幼儿的心理需求，调动幼儿探索的积极性与主动性，为幼儿游戏带来更多乐趣。

综上所述，建构区材料投放需要遵循安全性和卫生性、多样性和可操作性、情境性和创造性等原则。因此，在投放材料之前，教师应该仔细检查各类材料的安全性，保证幼儿游戏安全有序开展。教师应该提供丰富多样、操作性强、可探究的材料，并适当投放一些辅助材料，使幼儿更灵活地运用材料，同时保证不同区域材料之间的开放。教师还应该结合幼儿的年龄特点及材料难度，投放幼儿喜欢的各类富有情境性和创造性的材料，从而吸引幼儿进行主动探索。在材料投放之后，教师不能对材料不管不问，应该关注材料的使用情况，结合幼儿的游戏需要，及时调整材料。

三、建构区材料投放的注意事项

在投放建构区材料时，教师需要注意投放多样化、数量充足的材料，注意投放材料的更新和实效性，注意桌面和地面建构材料投放的不同要求，让幼儿获得更好的建构区游戏体验。

（一）注意投放多样化、数量充足的材料

建构游戏丰富多样的特点决定了建构区需要投放多样化、数量充足的材料，以满足幼儿不同的建构需求。材料多样化包括两个方面：一方面是材料的种类丰富，材料多样化并不是说要将属于建构区的材料都投放到区域中，而是要根据具体活动的情境发展不断增添相关材料，根据需要及时增添适宜的、多样化的材料；另一方面是材料的玩法多样，幼儿可以通过自己的想象，在操作中随意搭配、自由组合拼搭出自己喜欢的事物，从而获得更多的乐趣及成就感，因此重组材料是必不可少的。

多样化、数量充足的材料必然会引起建构秩序的紊乱，如何整理和收纳材料也是一个不容忽视的问题。例如，教师可列一张材料清单，将建构区中现有的和幼儿在日常生活中收集的材料都登记在清单上，低龄段幼儿可以和教师一同清点并登记，高龄段幼儿可以自己设计，并以集体商讨的方式进行绘画和登记。这样，在游戏开展过程中，教师和幼儿就可以根据游戏的进程和清单所列的材料进行有选择性的搭建，幼儿也能对建构区材料的种类和数量有一个清晰的认知。

（二）注意投放材料的更新和实效性

建构区投放的材料应符合幼儿的兴趣和年龄特点。在材料投放之后，教师可观察幼儿是否喜欢材料、材料之间是否产生有效互动，并通过和幼儿及时交流来获知幼儿还需要哪些材料、生成的游戏内容还需要哪些材料等，这些反馈有助于教师对投放的材料进行有效调整和补充。材料种类的更换和难度的增加会让幼儿在游戏中各方面能力都获得提高。在建构区活动中，教师也可根据主题的实施和发展不断更新材料，随着主题情节的发展，增加和调整材料的投放，以保证幼儿的活动兴趣。

建构区材料并非一成不变，需要随着游戏的发展和幼儿的年龄特点不断变化，只有这样才能让材料的作用最大化。例如，在投放材料之前，教师可以针对本班幼儿的年龄特点和建构水平做一个分析，初步筛选出适合幼儿现阶段的材料投放到建构区。在游戏开展过程中，教师可以通过自己的观察记录、幼儿的建构示意图、学习故事记录本等，了解幼儿在建构游戏中需要的材料，进而不断更新和调整材料。

（三）注意桌面和地面建构材料投放的不同要求

建构区游戏的空间和材料的特点决定了室内建构分为桌面建构与地面建构。因此，对不同空间建构材料的投放也应有不同的要求。桌面建构宜多投放体积较小、有助于精细动作发展的积木类、积塑类等材料。地面建构宜多投放大型的木块、木条及大海绵拼搭积木，配合一些具有情境性的辅助材料。当然，建构区游戏空间的划分并不是绝对的，游戏材料随着幼儿的兴趣和主题的变化而变化，因此教师也可在不同空间进行材料调换，但要注意引导幼儿按照桌面建构材料和地面建构材料投放的要求进行整理收纳。

桌面建构和地面建构之间并没有明确的界限，幼儿在遵守建构区规则的前提下可以进行一些联动。例如，幼儿在进行地面建构游戏——搭建同里古镇戏台的场景时，先用大块的长方体积木拼出戏台的底座，接着用长条的圆柱体积木搭出戏台的柱子，并搭建戏台的背景，但是在搭建戏台顶部弯弯的屋檐时，他们尝试了许多地面建构材料都没有成功搭出相似造型，最后在进行桌面建构游戏——玩雪花片的幼儿的帮助下，用雪花片拼接出有弯弯造型的屋顶，将戏台搭建完成。

第二节 建构区材料投放的基本要求及实例

一、建构区材料投放的基本要求

（一）小班建构区材料投放的基本要求

1. 基本材料投放要求

小班幼儿处于从直觉行动思维向具体形象思维过渡阶段，虽然已经有了一定的造型意识，但目的性不强，搭建的作品通常比较简单。他们喜欢简单的堆叠、垒高，在重复游戏中感受建构的乐趣，搭建的主题也会根据游戏的情境不断变化。因此，在小班建构区，可以投放一些玩法偏单一、结构较高、操作方便、难度较低的基本材料。同时，考虑到小班幼儿的大肌肉精细动作尚未发育完善，可以投放形状简单、规格相对较大、方便幼儿操作的基本材料，像大号雪花片、垒高玩具、大号螺旋玩具、拼接玩具、大号磁力片、粗管道等都是很好的选择。地面建构区中也可投放一些简单轻便的木制积木、彩色泡沫积木等基本材料。

2. 辅助材料投放要求

小班幼儿注意力容易转移，受材料外部特征的影响较大，他们往往会被一些颜色鲜艳的事物吸引而不是材料本身的结构特点，因此小班建构区需要投放一些色彩饱和度较高的高结构辅助材料，以帮助幼儿提高游戏投入度。同时，小班幼儿的心理特点是以自我为中心，他们处于从独自游戏向联合游戏过渡阶段，喜欢重复玩弄材料，在建构游戏中社会交往较少，往往会因材料缺失而发生争吵，因此投放数量充足的辅助材料是十分必要的，可根据建构区参与游戏的人数投放相应的辅助材料。例如，可以投放建筑物、小汽车、玩偶、动物玩具等形象鲜明而易吸引幼儿的辅助材料，还可以投放数量充足的纸杯、纸盒、奶粉罐和瓦片、树叶、贝壳等简单易收集的自然物等辅助材料。

3. 自制材料投放要求

小班幼儿在建构游戏中比较注重情感体验，他们更多的是关注游戏材料所创设的游戏情境，一些表征性的自制材料会充分激发他们的兴趣。因此，在小班建构区，可以投放一些具体形象的自制材料，让幼儿通过与材料的相互作用，融入建构游戏情境之中。同时，小班幼儿对新事物比较好奇，小班建构区的自制材料要注意及时更新与更换，让幼儿在与不同自制材料的相互作用中获得更多的情感体验，进一步发展建构技能。例如，可以投放生动形象的自制装饰玩具和简单的自制拼接玩具，一些小班幼儿喜欢自制卡通形象造型，如小猪佩奇的猪爸爸、猪妈妈等，还可以投放生活中常见的小树、小草、小汽车等自制材料。通过生动形象的自制材料激发幼儿的建构欲望。

（二）中班建构区材料投放的基本要求

1. 基本材料投放要求

中班幼儿处于具体形象思维阶段，这个阶段的幼儿能够依靠事物的具体形象进行联想。同时，他们的社会交往能力进一步发展，能够在建构中逐渐明确主题，享受与同伴交流和分享的乐趣，建构过程开始出现分工、协作等现象。因此，在中班建构区，应该投放一些与建构主题相关的基本材料，增强主题的明确性，以促进幼儿之间的交往与协作。中班幼儿已经具备一定的建构水平，其手部小肌肉动作逐渐发展，可以逐步投入一些需要精细动作操作的基本材料，如小号雪花片、万能旋转积木、水管道等延伸性较强的材料。中班幼儿的建构由单一延展向整体布局过渡，但建构的对称性还在持续发展之中，也可以提供一些具有不同颜色、花纹的基本材料，促进其美感及对称意识的发展。

2. 辅助材料投放要求

中班幼儿的生活经验更加丰富，对周围生活的认识不断提高，在建构游戏中经常会根据自己的生活经验进行建构。因此，在中班建构区，需要投放一些更贴近幼儿生活的辅助材料，如自然物（树叶、树枝、小石头等）、废旧物品（塑料瓶、奶粉罐、纸盒等）等，并且数量应该相对充足，以便幼儿更好地发挥想象力。中班幼儿的社会性进一步发展，幼儿与同伴的交流不断增加，开始出现分工、合作等现象。因此，在中班建构区，可以投放一些不同职业的玩偶及其所需要的工具、相关主题的绘本等，使幼儿在角色扮演中进行建构、拥有更明确的建构目标，同时社会交往能力得到进一步提升。

3. 自制材料投放要求

中班幼儿在建构游戏中更关注自己的建构作品与建构中的情境，他们往往会以某种情境为依托进行建构，以便向同伴介绍自己的建构作品，或者与同伴共同建构。他们能从自己的建构作品中获得成就感与自我认同。因此，可以加强区域之间的关联性，将其他区域中的作品作为自制材料投放到建构区中，或者在建构区中投放一些低结构材料，方便幼儿在建构的同时依据自身的需求自制材料。同时，根据中班幼儿具体形象思维的特点，也可以投放与当前主题相关的原始材料，方便幼儿自己动手制作一些与建构主题相关的玩具。

（三）大班建构区材料投放的基本要求

1. 基本材料投放要求

大班幼儿的认知水平、思维能力和想象力进一步发展，抽象逻辑思维和个性得到初步发展，有一定的创新意识和创新能力。他们的建构内容更加复杂、开放，他们倾向于围绕一个主题或一个情境进行建构，而不是围绕单一的形象进行建构。因此，在大班建构区，可以投放种类繁多、数量充足、可操作性强的低结构材料，如清水积木、单元积木、大型空心积木等。同时，大班幼儿合作能力和解决问题的能力有了很大提升，单一、重复的材料已经不能满足大班幼儿的需要，他们更乐于参与操作性强、富有挑战的建构游戏，因此，教师可以投放玩法多样的积塑，既可以拼出不同物品，也可以和其他游戏材料组合搭配。例如，雪花片、齿轮积塑、百变积塑等都是不错的选择。

2. 辅助材料投放要求

大班建构区投放的辅助材料要以低结构材料为主。随着能力的发展、经验的丰富，大班幼儿想象力、创造力更强，在建构游戏中有自己明确的想法和主题。他们既喜欢有挑战性的游戏，也喜欢合作游戏。因此，在大班建构区投放低结构材料能够满足幼儿主动思考、积极游戏和合作探索的需求。例如，一块硬纸板，既可以做屋顶，也可以做门；一个易拉罐，既可以做桥墩，也可以做房屋柱子。可变性强的低结构材料可以满足幼儿不断探究、实现多种玩法的需要，拓展操作和想象空间。纸杯、纸盒、树叶、树枝等简单易收集的物品都是不错的选择。而从社会性发展角度来看，大班建构区也不适合投放高结构材料，因为投放高结构材料反而会降低幼儿的游戏水平，使得建构游戏变成独自游戏或平行游戏，这会明显减少幼儿的交往和合作行为。

3. 自制材料投放要求

大班幼儿的精细动作日趋完善，动作更加灵活、协调，同时合作能力和解决问题的能力也有了很大提升。这个阶段的幼儿会进行一些复杂的、高水平的建构游戏，建构内容会围绕主题、情境展开，比如“我心中的小学”、公园、城堡、游乐场等。因此，在大班建构区投放自制材料时，应尽可能减少成品材料，多提供半成品或原始材料，供幼儿自由选择、自主探索多种玩法，提升幼儿操作、想象、创造的能力。例如，投放生活中常见的花、草、树木、汽车、交通标识等自制材料时，可与美工区进行联动，让美工区的幼儿制作后送给建构区，通过动手动脑、通力合作来激发幼儿的建构欲望。

二、自制材料游戏实例

建构区材料非常丰富，除不同形状、材质的积木以外，还有各种可以穿插拼接的插塑，如雪花插塑、管状插塑等。同时，教师也会收集大量的废旧物品作为原始材料提供给幼儿，让幼儿根据实际需要，在建构过程中有选择性地使用，如纸箱、纸盒、瓶罐、木块、树枝等材料。而幼儿往往能通过自己的想象和创造，对多种多样的原始材料进行加工，并利用这些自制材料开展建构游戏。下面将分纸质类、木制类和混合类三类，具体介绍幼儿可利用自制材料开展的一些建构游戏。

（一）纸质类

纸质类材料来源广泛，在生活中随处可见，如报纸、扑克牌、纸箱、卷纸芯等都可以成为自制材料的来源。教师可以充分利用它们不同的柔韧性、材质等设计不同的建构游戏。

1. 百变纸板

制作材料：

硬纸板、剪刀、涂色工具、尺子、作品示意图。

制作目的：

（1）通过想象，运用连接、垒高等技能，搭建立体造型。

（2）能看懂示意图，根据步骤完成相关搭建。

制作步骤：

步骤 1：用剪刀剪出不同形状、大小的纸板。

步骤 2：在每块纸板的四周，剪出适当宽度的小卡口。

步骤 3：给每块纸板涂上不同的颜色。

步骤 4：提供一些纸板拼接作品展示图。

百变纸板

基本玩法：

玩法 1：选择不同形状、大小的纸板进行立体拼插，拼插出动物、房屋、桥梁等作品。

玩法 2：利用纸板的不同颜色、形状，按规律有顺序地进行拼接。

玩法 3：看懂示意图，并根据示意图上的样式、步骤，完成相关拼接作品。

意义：

（1）发展幼儿的精细动作和手眼协调能力。

（2）发展幼儿的空间想象能力。

（3）发展幼儿的观察能力、动手能力、创造能力，有力地推动幼儿园创造性游戏的深入开展。

2. 报纸小棒搭建

制作材料：

报纸、剪刀、订书机、胶带（透明胶、双面胶）、彩笔。

制作目的：

通过裁剪、卷、订、连接等方式进行想象建构活动。

制作步骤：

步骤1：将大小适中的报纸从对角线上的一个角向另一个角的方向卷成纸卷。

报纸小棒搭建

步骤2：重复以上操作，制作适量的报纸小棒。

步骤3：用胶带将卷好的报纸小棒固定。

基本玩法：

玩法1：选三根报纸小棒用订书机订成三角形，完成多个三角形，然后将三角形拼装成几何体，形成房屋的框架，再盖上报纸，用彩笔上色或画图。

玩法2：选四根报纸小棒用订书机订成四边形，完成多个四边形，然后将四边形拼装成几何体，形成桥梁的框架，再盖上报纸，用彩笔上色或画图。

玩法3：选多根报纸小棒用订书机订成多边形，完成多个多边形，然后用剩余的报纸小棒支撑树立，形成塔的框架，再盖上报纸，用彩笔上色或画图。

意义：

（1）发展幼儿的精细动作和手眼协调能力。

（2）发展幼儿的空间想象能力。

3. 纸牌建构

制作材料：

纸牌、剪刀、胶带。

制作目的：

通过折叠、裁剪等方式进行想象建构活动。

制作步骤：

步骤1：将纸牌对折，形成三角形的形状。

纸牌建构

步骤 2：重复以上操作，多做一些三角形。

基本玩法：

玩法 1：将对折的纸牌开口朝下或朝左、右方向，然后在上面盖一张纸牌，继续往上叠两到三层。

玩法 2：将对折的纸牌排列成桥墩，将多个桥墩连接起来，然后调整桥墩的位置和角度，使大桥拐弯，最后在上方叠放纸牌，搭建出长长的大桥。

玩法 3：先将若干张对折的纸牌开口朝下，呈倒 V 形连接排列，再在每两个小三角形上盖一张纸牌，接着在刚才横盖的纸牌上搭建第二层，层数每增加一层，就减少一个倒 V 形小三角形，以此类推，形成三角塔。

意义：

（1）发展幼儿的精细动作和手眼协调能力。

（2）让幼儿感受三角结构的稳定性，并尝试记录。

4. 纸箱、纸盒搭建

制作材料：

废旧纸箱、纸盒，剪刀、刻刀，涂色工具，尺子，勾线笔。

制作目的：

通过想象，运用连接、垒高等技能，搭建立体造型。

制作步骤：

步骤 1：用勾线笔在纸箱或纸盒上画好窗户、门等的线稿，有大有小，各不相同。

步骤 2：用剪刀或刻刀将其挖空，形成镂空的纸箱或纸盒。

步骤 3：给纸箱或纸盒涂上不同的颜色。

纸箱、纸盒搭建

基本玩法：

玩法 1：选择不同形状、大小的纸箱或纸盒进行组合，搭建出不同的城堡、公园、房屋等建筑群。

玩法 2：利用纸箱或纸盒的不同形状，进行想象组合，搭建出长城、城墙等。

意义：

（1）发展幼儿的精细动作和手眼协调能力。

（2）发展幼儿连接、垒高等建构技能。

（3）发展幼儿的空间想象能力。

5. 纸筒搭建

制作材料：

纸筒、剪刀、涂色工具、尺子、作品示意图。

制作目的：

（1）通过想象，运用连接、垒高等技能，搭建立体造型。

（2）能看懂示意图，根据步骤完成相关搭建。

制作步骤：

步骤 1：用剪刀在纸筒上剪出有一定宽度的小卡口。

步骤 2：可以在纸筒上涂上不同的颜色。

步骤 3：提供一些纸筒拼接作品示意图。

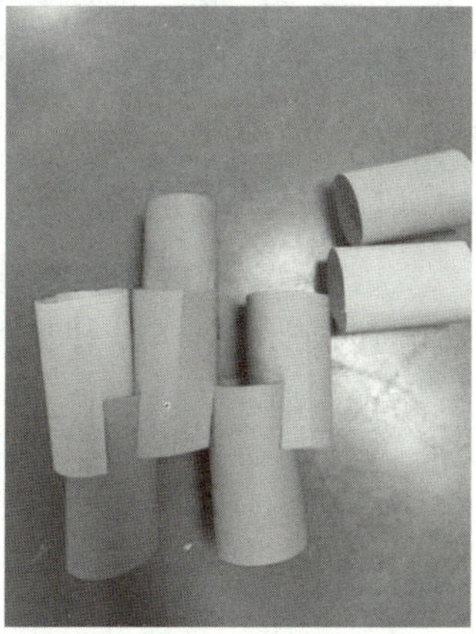

纸筒搭建

基本玩法：

玩法 1：选择不同形状、大小的纸筒进行立体拼插，拼插出动物、房屋等作品。

玩法 2：可以在纸筒上打孔，利用吸管，搭建出桥梁作品。

意义：

（1）发展幼儿的精细动作和手眼协调能力。

（2）发展幼儿的空间想象能力。

（3）发展幼儿的观察能力、动手能力、创造能力，有力地推动幼儿园创造性游戏的深入开展。

6. 纸杯搭建

制作材料：

纸杯、建构方法图、搭建记录表、建构样式图。

制作目的：

（1）尝试运用围合、垒高、连接、延长等技能进行纸杯搭建活动。

（2）能看懂示意图，根据步骤完成相关搭建。

制作步骤：

步骤 1：制作一张纸杯建构样式图。

步骤 2：制作两张搭建记录表。

步骤 3：制作五张纸杯建构方法图。

基本玩法：

玩法 1：纸杯一个插在一个里可以叠成很高的柱子；两个纸杯上叠一个纸

纸杯搭建

杯，既可以砌出很长的墙，也可以砌出很高的墙。

玩法 2：用三个纸杯做金字塔的底座，一个纸杯垒在底座的上面，形成两层的金字塔。接着往高垒，底座要增加比最外一排多一个的纸杯，即要增加三个纸杯，底座从三个纸杯变成六个纸杯，第二层从一个纸杯变成三个纸杯，在第二层上垒一个纸杯，形成三层的金字塔，以此类推。

玩法 3：选择不同的建构方法图，按照步骤，学习建构不同的纸杯作品，并且能够利用学到的方法建构新的纸杯作品。完成搭建记录表，练习记录成功和失败的经验与教训。

意义：

（1）发展幼儿的精细动作和手眼协调能力。

（2）让幼儿建立数的概念和关于图形关系的经验，并尝试将成功和失败的经验与教训记录下来。

（二）木制类

1. 树枝搭建

制作材料：

树枝、树叶、石头、农作物等自然材料，搭建记录表。

制作目的：

尝试运用围合、架空、连接、延长等技能进行树枝搭建活动。

制作步骤：

步骤 1：制作一张搭建记录表。

步骤 2：将不同的自然材料进行分类摆放。

基本玩法：

玩法 1：（平面搭建）利用树枝及其他自然材料进行各种奇妙的创作，搭建出平面的汽车、动物、电视机等。搭建完成后，练习记录成功和失败的经验与教训。

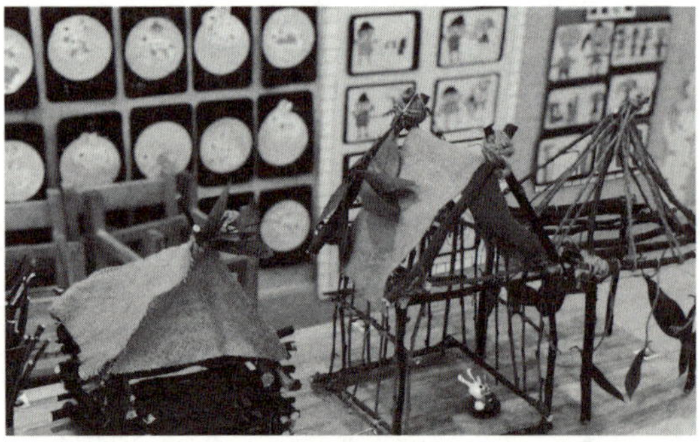

树枝搭建

玩法 2：（立体搭建）利用长短不一的树枝及其他自然材料进行架空、连接、围合等，搭建出不同的立体作品，如桥梁、山坡、隧道等。搭建完成后，练习记录成功和失败的经验与教训。

意义：

（1）发展幼儿的精细动作和手眼协调能力。

（2）让幼儿尝试记录成功和失败的经验与教训，进行前书写的表征。

2. 雪糕棒搭建

制作材料：

雪糕棒、夹子、彩笔、搭建记录表。

制作目的：

通过两根以上的雪糕棒摆一摆、拼一拼，积极创作生动形象的物体造型。

制作步骤：

步骤 1：制作一张搭建记录表。

步骤 2：将长短、大小不同的雪糕棒进行分类摆放。

雪糕棒搭建

基本玩法：

玩法 1：选三根雪糕棒用夹子固定成三角形，完成多个三角形，然后将三角形拼装成几何体，形成房屋的框架，再用彩笔完成搭建记录表。

玩法 2：选四根雪糕棒用夹子固定成四边形，完成多个四边形，然后将四边形拼装成几何体，形成桥梁的框架，再用彩笔完成搭建记录表。

玩法 3：（平面搭建）利用不同长度的雪糕棒进行各种奇妙的创作，搭建出平面的汽车、动物、电视机等。搭建完成后，练习记录成功和失败的经验与教训。

玩法 4：（立体搭建）利用多根雪糕棒进行架空、连接、围合等，搭建出不同的立体作品，如山坡、火车、隧道等。搭建完成后，练习记录成功和失败的经验与教训。

玩法 5：将不同长度的雪糕棒与瓶盖、木制夹子、塑料积木等结合，进行各种奇妙的创作，搭建出各种平面和立体作品。搭建完成后，练习记录成功和失败的经验与教训。

意义：

（1）发展幼儿的精细动作和手眼协调能力。

（2）让幼儿尝试记录成功和失败的经验与教训，进行前书写的表征。

3. 竹签搭建

制作材料：

竹签、橡皮泥、彩笔、搭建记录表。

制作目的：

（1）通过两根以上的竹签摆一摆、拼一拼，创作生动形象的物体造型。

竹签搭建

（2）能将竹签固定，并进行想象创作。

制作步骤：

步骤 1：制作一张搭建记录表。

步骤 2：将橡皮泥搓成大小接近的小球。

步骤 3：将竹签两端用橡皮泥小球固定。

基本玩法：

玩法 1：选三根竹签用橡皮泥小球固定成三角形，完成多个三角形，然后将三角形拼装成几何体，形成房屋的框架，再用彩笔完成搭建记录表。

玩法 2：选四根竹签用橡皮泥小球固定成四边形，完成多个四边形，然后将四边形拼装成几何体，形成桥梁的框架，再用彩笔完成搭建记录表。

玩法 3：（平面搭建）利用不同长度的竹签进行各种奇妙的创作，搭建出平面的汽车、动物、电视机等。搭建完成后，练习记录成功和失败的经验与教训。

玩法 4：（立体搭建）利用多根竹签进行架空、连接、围合等，搭建出不同的立体作品，如山坡、火车、隧道等。搭建完成后，练习记录成功和失败的经验与教训。

玩法 5：将不同长度的竹签与瓶盖、纽扣等结合，进行各种奇妙的创作，搭建出各种平面和立体作品。搭建完成后，练习记录成功和失败的经验与教训。

意义：

（1）发展幼儿的精细动作和手眼协调能力。

（2）让幼儿尝试记录成功和失败的经验与教训，进行前书写的表征。

（三）混合类

1. 蛋塔搭建

制作材料：

乒乓球，塑料鸡蛋、鸭蛋、鹅蛋、鸽子蛋等，瓶盖，不同形状的纸板或 KT 板。

制作目的：

（1）利用不规则的几何形状底板，选择大小不一的废旧瓶盖，探索摆放蛋的不同方法，尝试将这些材料组合起来，搭建不同造型。

（2）尝试选用不同材料，运用平衡、架空、垒高等技能搭建各种造型。

蛋塔搭建

制作步骤：

步骤 1：将瓶盖作为蛋托置于底部。

步骤 2：选择不同形状、大小的蛋放在蛋托上面。

步骤 3：蛋的上面封盖一块不同形状的纸板或 KT 板。

步骤 4：重复以上动作，越垒越高。

基本玩法：

玩法 1：（垒高）将瓶盖作为蛋托使用，让蛋置于瓶盖上保持竖立，将各种板作为夹层放置在蛋上保持平衡，然后再在夹板上放置蛋托和蛋，一层蛋一层夹板，层层往上垒高，直至垒出形状各异的建筑物。

玩法 2：（架空）先搭建两组蛋塔，将夹板架在两组蛋塔上，再在夹板上搭建各种形状的建筑物。

玩法 3：（想象）展开合理的想象，在一个平面上用各种蛋拼搭出各种各样的造型。

玩法 4：（抽取）搭出多层蛋塔后，抽取最高层以下的某个蛋，再将其摆放在最高的夹层上，不断抽取，不断摆放，若蛋塔倒塌，则游戏失败。可以从双层蛋塔开始挑战，逐渐提高难度到多层蛋塔，也可以商量后规定抽取蛋的规则，如只能抽取最底层的蛋等。

意义：

（1）发展幼儿的观察能力。

（2）让幼儿掌握蛋与夹板平衡的技能。

2. 纸筒、吸管、纸板搭建

制作材料：

纸筒、吸管、纸板、打孔机、剪刀、彩笔、搭建记录表。

制作目的：

（1）通过摆一摆、拼一拼、串一串、插一插等方式，建构不同的稳定造型。

（2）能利用吸管将纸筒固定，并进行想象建构。

纸筒、吸管、纸板搭建

制作步骤：

步骤 1：制作一张搭建记录表。

步骤 2：将纸筒分成长短相同的若干截。

步骤 3：用打孔机在纸筒的上下两端均匀地各打出六个孔。

步骤 4：用剪刀在纸筒的边缘剪出卡槽。

基本玩法：

玩法 1：选三个纸筒作为底柱，用吸管将它们固定成三角形，完成后将纸筒插嵌在底柱上，然后用吸管连接，拼装成几何体，再在上面封盖纸板等形成房屋的框架。搭建完成后，用彩笔完成搭建记录表。

玩法 2：选四个纸筒作为底柱，用吸管将它们固定成四边形，完成后将纸筒插嵌在底柱上，然后用吸管连接，拼装成几何体，再在上面封盖纸板等形成桥梁的框架。搭建完成后，用彩笔完成搭建记录表。

玩法 3：（立体搭建）利用多个纸筒、多根吸管和多块纸板进行架空、连接、围合等，搭建出不同的立体作品，如山坡、火车、隧道等。搭建完成后，练习记录成功和失败的经验与教训。

玩法 4：将不同长度的纸筒与薯片罐、纸杯、纸盒等结合，进行各种奇妙的创作，搭建出城堡、长城、高速公路等。搭建完成后，练习记录成功和失败的经验与教训。

意义：

（1）发展幼儿的观察能力。

（2）让幼儿掌握利用吸管使纸筒保持平衡的技能。

3. 瓶罐搭建

制作材料：

易拉罐、奶粉罐、薯片罐、矿泉水瓶等，不同形状的纸板或 KT 板。

制作目的：

（1）利用不规则的几何形状底板，选择大小不一的易拉罐、奶粉罐、薯片罐、矿泉水瓶等，尝试将这些材料组合起来，搭建不同造型。

（2）尝试选用不同材料，运用平衡、架空、垒高等技能搭建各种造型。

瓶罐搭建

制作步骤：

步骤 1：选择不同高度、粗细的瓶罐作为柱子置于底部。

步骤 2：柱子的上面封盖一块不同形状的纸板或 KT 板。

步骤 3：在平稳的状态下，重复以上动作，越垒越高。

基本玩法：

玩法 1：（垒高）将薯片罐作为柱

子使用，让薯片罐保持竖立，将各种板作为夹层放置在薯片罐上保持平衡，然后再在夹板上放置各种瓶罐，一层瓶罐一层夹板，层层往上垒高，直至垒出形状各异的建筑物。

玩法 2：（架空）先搭建两组瓶罐，将夹板架在两组瓶罐上，再在夹板上搭建各种形状的建筑物。

玩法 3：（想象）展开合理的想象，在一个平面上用各种瓶罐拼搭出各种各样的造型。

意义：

（1）发展幼儿的观察能力。

（2）让幼儿掌握瓶罐与夹板平衡的技能。

第三节　建构区材料投放的策略

一、建构区材料投放的一般性策略

（一）提供丰富多样的材料

幼儿喜欢丰富多样的材料，当材料不足时，幼儿参与游戏的积极性会受到影响。教师提供丰富多样的材料是区域活动顺利开展的重要保障，也是满足幼儿建构需求的基本条件，可以避免幼儿因材料不足而发生矛盾和冲突。材料丰富多样并不是说投放材料的数量越多越好，而是要关注材料是否方便幼儿操作、材料之间是否可以自由搭配组合。提供材料的难度应该符合幼儿的最近发展区，是幼儿通过努力能够达到的最高水平。

（二）尊重个体差异，综合考虑材料投放

教师投放材料既要满足多数幼儿的建构需求，也要关注个别幼儿的不同建构需求。一方面是幼儿的建构水平，教师应纵向看待幼儿的发展，多关注幼儿自身的进步，选择适宜幼儿发展的材料；另一方面是幼儿的建构需求，教师应多倾听幼儿的声音，及时调整材料投放的策略及方式，尊重幼儿的想法。

（三）重视材料的建构性与操作性

游戏对于幼儿来说最大的价值在于获得快乐，因此幼儿始终追求的是游戏材料的趣味性。各年龄段幼儿都更容易被建构性与操作性强的材料吸引而保持游戏兴趣。

幼儿可以在游戏中不断变换材料的玩法，使得材料的操作弹性变大，从而激发自身的探索欲望和积极性。

（四）形成材料的开放性投放方式

班级内的各个活动区域应该是开放的，各个区域之间也有一定的联系。跨区域的材料搭配投放能激发幼儿的游戏兴趣，满足不同幼儿的建构需求。教师可以改变过去单一、分隔的材料投放状况，更加注重材料之间的联系及幼儿与材料的互动，从而在开放的环境中提升幼儿的建构技能和替代水平。

（五）关注材料的有效性

由于建构区活动对材料的依赖性较强，因此教师在投放材料时要重视材料的功能价值与实用价值，要经常关注各年龄段幼儿在建构游戏中对材料的喜爱程度，分析其背后的原因，挖掘材料的教育价值，及时投放适宜、有效的材料。

二、各年龄段建构区材料投放的策略

（一）小班建构区材料投放的策略

1. 根据幼儿兴趣，提供简单易操作、直观形象的基本材料

兴趣是幼儿学习的主要动力，教师只有深入了解小班幼儿的兴趣和年龄特点，选择幼儿感兴趣的材料，才能更有效地投放材料。首先，考虑到小班幼儿有一定的造型意识，但目的性不强，搭建的作品往往比较简单，内容也比较单一。因此，投放的材料应具有形状简单、规格相对较大，方便幼儿操作，有利于调动幼儿建构的积极性的特点。其次，小班幼儿模仿能力强，教师应在建构区中尽量多投放一些造型感强、形象分明的建构作品。提供直观形象的材料，有利于幼儿结合生活经验进行联想，在建构过程中迁移生活经验，在模仿中不断丰富建构经验和建构技巧。

例如，小班幼儿在建构活动中时常会选择搭建身边常见的东西或与自身经验相联系的事物。当为他们提供色彩鲜明且直观形象的材料时，他们很容易产生联想。比如，看到红、绿、黄三种颜色的圆形泡沫积木时，他们很快联想到马路上的红绿灯；当长条形积木堆叠在一起时，他们加入红色泡沫积木，立马惊喜地欢呼：这是篝火晚会。直观形象的材料更容易激发小班幼儿的建构兴趣，使他们获得成就感和满足感，从而持续地激发他们的建构热情。

2. 注重材料投放的层次性，提供具有情境性的辅助材料

小班幼儿进行建构游戏一段时间后，已经能够熟练地运用某种材料搭建出某些建构物的主要特征，游戏的目的性也在逐渐增强，但由于小班幼儿的年龄特点及自身经验的不足，会出现幼儿反复搭建的现象。这时就需要教师及时对材料进行调整，

适时地更新、增添材料，以适应小班幼儿不断变化的游戏需求，帮助幼儿在搭建过程中不断获取新的材料。小班幼儿的思维方式以直觉行动思维为主，因此提供的辅助材料应以模拟形象玩具为主。他们喜欢反复地边游戏、边建构，他们的游戏兴趣会随着外部条件的变化而变化，具有不稳定性。因此，为小班幼儿投放一些具有情境性的辅助材料可以更好地激发幼儿的游戏动机，引发幼儿的游戏联想，延长幼儿的游戏兴趣，使得建构作品更加生动有趣。

例如，在小班建构活动中，教师会发现有的幼儿在一段时间内持续重复地搭建房子，甚至使用的材料都是一样的：三角形积木作为屋顶，长方形积木拼搭出屋体结构。当出现这样的情况时，幼儿的建构水平很难得到进一步提高，教师发现问题后一定要采取措施和做出调整。首先，从原有的基本材料出发，查看一下数量是否充足，或者是否需要增添不同形状的材料；其次，提供一些花草、树木、动物等直观形象的辅助材料，帮助幼儿进行联想和拓展，从而丰富建构内容。教师只有根据小班幼儿的建构能力和游戏需求，投放适宜的基本材料和辅助材料，才能有效地提高幼儿的建构水平。

（二）中班建构区材料投放的策略

1. 提供一定数量的辅助材料，促进幼儿社会性行为的发展

辅助材料的投放不在于种类多样，而在于能否促进幼儿更好地进行建构游戏，提升幼儿在游戏中的想象力和创造力，从而使幼儿获得更好的游戏体验。与此同时，随着年龄的增长，中班幼儿的交流、合作愿望逐渐显现。国内外专家、学者的研究表明，建构区材料投放的数量会对幼儿的社会性产生影响，当数量达到一定程度时，幼儿感知到来自他人的游戏需求时，会出现分享、交换沟通等社会性行为。因此，投放辅助材料的数量不是越多越好。在建构区中投放一定数量的辅助材料，同时保证幼儿的活动空间和幼儿在活动中的情感体验，不仅能使幼儿的游戏过程更加丰富、更有灵动性，还能在建构游戏中满足幼儿社会性发展的需求，以及幼儿在中班阶段建构技能提升的需求。

例如，在搭建“高架桥”时，需要大量运用马路元素，如果总是用积木去重复搭建，一方面是同种材料数量不一定充足，另一方面会使搭建重难点有所偏离。因此，教师如果能为幼儿提供用 KT 板制作的马路成品的辅助材料，幼儿的建构效率就会有所提高。当幼儿开始搭建统一的桥面时，长方形积木成了热门材料，A 幼儿发现积木筐里已经没有长方形积木，于是向 B 幼儿提出了请求：能否给他一块长方形积木。虽然 B 幼儿自己手上的积木也不够用了，但最终他还是与 A 幼儿进行了分享，A 幼儿则用稍微厚一些的长方形积木与 B 幼儿进行了交换，双方通过资源互换的形式保障了彼此的利益，这属于一种高付出的社会性分享行为。

2. 根据主题的推进投放材料，引导幼儿参与材料的制作与投放

教师要引导幼儿在一段时间内围绕特定的主题进行建构，随着幼儿对特定主题的了解不断深入，教师要适时地投放与主题相关的材料。传统的材料投放一般遵循教师预设的游戏要求，容易忽视幼儿在自主游戏中所生成的游戏内容。因此，教师要时刻关注幼儿建构水平所处的阶段，同时利用多种途径，加深幼儿对材料的认识，丰富幼儿的经验，鼓励幼儿积极探索材料的多种玩法，及时更新和增添适宜的材料，促使幼儿围绕主题建构出相应的作品，从而逐步提高幼儿的建构水平。同时，教师还可以在建构区投放一些简单的工具及操作性强的材料，让幼儿在建构过程中自己动手制作与主题相关的事物。教师甚至可以在平常的活动中保留幼儿的手工作品，投放到建构区中，不断加强材料之间的联系，助力幼儿进一步完善自己搭建的主题作品。

例如，在中班“我们的城市”主题建构活动中，随着搭建的持续深入，幼儿会不断拓展对城市的开发，他们所需要的材料也会越来越多。幼儿在搭建超市时会比较细致地考虑到门口的停车场和标志，在搭建小区大门时需要一些装饰性材料来呈现真实大门的特征，因此对于此类自主生成的内容，就需要及时补充材料。无论是可以直接获取的标志辅助材料，还是幼儿自己制作的一些装饰性材料（自制材料），都需要教师始终掌握幼儿在主题下游戏的进程，给予幼儿及时有效的帮助，以此来丰富其主题作品的细节。

（三）大班建构区材料投放的策略

1. 提供操作性强的材料，材料投放要照顾到个体差异

幼儿只有在与众多材料相互作用的过程中，才能充分运用自身的感官，通过多看、多试、多比、多做、多想，理解事物的多样性。若材料的操作性不强，则会降低幼儿对它的兴趣，容易让幼儿产生挫败感，不利于持续推进幼儿在建构活动中的深度学习。而操作性强的材料恰能符合大班幼儿的建构需求，有利于幼儿反复探索，从而在建构中提高思维能力。同时，不同幼儿建构的能力水平有差异，且大班幼儿的空间想象及以物代物的能力都发展到了一定水平，所以材料的投放既要照顾到处于不同发展层次的幼儿，也要满足幼儿的不同建构需求。幼儿建构的主题也不是一成不变的，在进行材料投放时，应当尽量避免投放过多功能单一的高结构材料，防止禁锢幼儿的想象力和创造力，避免幼儿在围绕某一主题建构时出现模式化现象。

例如，在大班“同里的桥”主题建构活动中，幼儿在搭建桥洞时出现了困难：没有与桥洞造型吻合的积木，幼儿反映积木都比较大，无法搭出立体镂空的桥洞造型。此时，教师可以为幼儿提供长条形的阿基米德积木片，这种简单易操作且数量充足的积木片可以为幼儿提供许多搭建的可能性。通过一番尝试和探索，幼儿通过叠放和架空等组合，搭建出一个漂亮的半圆形桥洞。积木片的投放并没有给幼儿的

建构活动增加难度和挑战，反而为他们的活动提供了新的方向。对于一些建构能力较弱的幼儿来说，也可以通过已经掌握的基本建构技巧在模仿的基础上搭建出不一样的造型。

2. 采用低结构的投放方式，投放提升幼儿创造性的材料

随着幼儿游戏水平的不断提高，大班幼儿的操作技能和认知水平也得到了发展。幼儿希望获得多样化的、复杂的游戏材料。而低结构材料更易受到幼儿的青睐，幼儿可以根据自己的想法来操作材料，这样更容易引发个体行为，有助于幼儿拓展想象、以物代物，进而促进幼儿游戏水平的提高。在低结构材料的投放方式中，幼儿思维更活跃，敢于尝试不同的玩法，有利于材料之间的互动和幼儿创造性的发挥。除此之外，教师要有意地提供一物多用的富有创造性的材料。比如，生活中的废旧物品经过清洗、暴晒，在保证安全卫生的情况下，也可以成为游戏材料。教师要启发幼儿利用废旧材料，充分发挥自己的想象力和创造力，同时让他们自己寻找其他替代物。教师也应不断补充新的富有创造性的材料，鼓励幼儿利用不同的工具对这些材料进行创作，让他们对建构区游戏始终保持新鲜感。教师还可以适当减少一些形象鲜明的辅助材料。

例如，生活中常见的鹅卵石作为幼儿园常见的低结构材料，可以利用和发挥的空间非常大。特别是大班幼儿，由于前期的经验积累，创作方式也更加丰富。在地面上进行平面图案造型拼搭时，鹅卵石可以变成眼睛或装饰物；在建构城市主题时，鹅卵石可以平铺成马路，可以堆叠成山坡，可以层层叠放成城墙……无论是平面还是立体的建构方式，由于鹅卵石的大小、形状不一，幼儿在搭建过程中需要不断地去尝试和想象，从而有效提升创造性思维能力。

第四节 建构区材料投放案例

一、小班建构区材料投放案例

案例：逐步投放材料

案例描述：

由于将材料一次性全部投入的做法在活动实际开展过程中出现了许多问题，在今天的建构区活动中，老师尝试引导孩子们逐步增加材料的种类来完善自己的建构作品。

幼儿选择材料

幼儿开始搭建

幼儿尝试架空搭建

今天亦娴和子轩两个小朋友来到了建构区。子轩一到建构区就要去拿小汽车、小恐龙玩具，这些是他平时常玩的玩具，他喜欢进行一些与汽车相关的建构活动，如搭小坡或停车场。但老师对他们说：“今天我们先用泡沫积木，好吗？”亦娴说：“好！今天我们来搭高楼吧！”子轩和亦娴马上行动了起来。

由于材料被限定为泡沫积木，亦娴在搭建过程中想要将大楼的一层架空，但没有合适和足够的材料，这怎么办呢？一筹莫展的她看着嵌在正方体里的圆柱，高兴地对老师说：“老师，我想到了一个好办法，可以让我们的积木变多！”说着，她就把嵌在一起的泡沫积木都拆了开来，随后把两根圆柱形的泡沫积木架在了长方体积木上，如此一来，可供建构的材料便增多了！

幼儿尝试更多的形状组合

幼儿用两个三角形搭建屋顶

子轩也非常高兴，因为他发现了新的形状——半圆，这让他产生了更浓厚的兴趣，他一会儿将半圆倒放，一会儿将半圆垒高，由于材料的限制，他和亦婻尝试起了更多的形状组合。子轩在不停地尝试后，高兴地对老师说：“我发现两个三角形这样放还可以做成屋顶！”他把两个三角形侧放，小心地垒高，做成了一个全新的屋顶。

接下来，子轩和亦婻已经迫不及待地想要加入新的辅助材料了，于是老师逐步为他们提供了玩具车等一些辅助材料。他们开心地在大楼附近玩起了开车游戏。

这时，子轩提出了疑问：“大楼边上还有马路和小房子，这怎么办呢？”于是，老师又为他们提供了基础的木制积木。

幼儿选择适宜的辅助材料

小班建构区材料收纳架

拿到木制积木后，他们的积极性更高了，建构兴趣在新材料投放后再一次被激发，子轩说：“我要搭一个小房子。”

亦婻说：“那我来搭一个停车场。”

在用泡沫积木完成大规模的建构后，很多孩子对建构区后续的小木块搭建产生了兴趣，越来越多的孩子加入了建构区活动。

幼儿选择其他类型的积木

他们完成了停车场、加油站、小房子等“工程”，老师对他们说：“接下来，我再增加一些其他种类的材料，像纸盒或奶粉罐，你们来搭一些其他的东西，好吗？”他们开心地说：“好！”

案例分析：

由于小班幼儿的身体发展以粗大动作为主，一开始教师仅提供了大块的彩色泡沫积木，幼儿的兴趣还没有那么浓厚，但当材料出现缺失时，在现有材料的基础上，幼儿进行了多种尝试——把积木拆成小块、利用架空的方法、尝试更多的形状组合……在这个过程中，幼儿在有限的材料中开动脑筋，科学探索和动手操作的能力得到了很大的发展。

适时投放的新材料，如小车，刺激幼儿产生更多新奇的想法，如搭建小房子、加油站、停车场等，而这些建构需要更多小块的积木来完成，因此教师投放了更多的木制积木。在这个过程中，幼儿的建构兴趣再一次被激发，建构作品也慢慢由单一作品变成系列作品。

从上述案例不难看出，虽然逐步投放材料的做法有一定的局限性，它减少了幼儿进行多种材料组合的可能性，但也促使幼儿在有限的材料中探索出更多的玩法，并在逐步投放新材料的过程中保持兴趣。材料的逐步投放有益于幼儿形成产生想法到进行实践的科学探索精神，并在搭建过程中逐渐形成完整的建构作品，而非胡乱摆放，难以持续探索。

（案例提供：吴江区同里幼儿园　张彦超）

二、中班建构区材料投放案例

案例：辅助材料投放的数量对幼儿建构能力影响的对比

场景一：适时增加低结构辅助材料

今天是“我们的家乡”主题建构的第二次活动，孩子们合作搭建的“小桥流水人家”已经初具雏形，包含了各种特色景点。悦悦正在专注地搭建“珍珠塔”，她已经用长方形的木制积木搭建出了“珍珠塔”的主体部分，辉辉在帮忙一起挑选合适的积木用于塔顶的搭建，他们一会儿用三角形积木、一会儿用小木片，来回摆弄着最后的塔顶部分，但塔顶的积木总是不停地滑落下来，并且形状也不是很像。

搭建“珍珠塔”的主体部分

尝试用三角形积木和小木片做塔顶

老师提醒他们可以选择轻便的泡沫积木进行组合，他们再次进行了尝试，挑选了三角形的泡沫积木，试图搭建出尖尖的塔顶。几番尝试之后，他们还是不满意，没有尖尖塔顶的感觉。这时，旁边的秀秀走过来说道：“你们这个看不出是珍珠塔啊，倒像枚火箭，都没有弯弯翘翘的塔顶。”悦悦和辉辉瞬间有了新的灵感，找来一些弯弯的半圆形积木，开始一层一层修改塔顶。但由于中间主体部分没有预留合适的空间和位置，塔顶改造计划再次失败。

用三角形泡沫积木做塔顶

同伴指出不像塔

活动结束后，孩子们进行交流分享。悦悦说：“为什么我们的珍珠塔看上去不像塔？因为没有东西能做出塔顶弯弯翘翘的感觉。”辉辉补充说：“还因为积木太重了，没法放在那个边边上，容易掉下去。”老师顺势引导：“那我们有什么好办法能解决呢？”孩子们讨论一番后提出了自己的建议：用筷子或吸管加上轻黏土来做出塔顶的造型，既轻便，又好看。于是，老师提供了幼儿需要的低结构辅助材料，供幼儿探索和尝试。

再次尝试做出弯弯翘翘的效果

案例分析：

对于中班幼儿来说，他们已经熟悉建构区内的基本材料，能够很快速地运用积木搭建出物体的主要特征，游戏的目的性也在逐渐增强。当幼儿想要完成塔顶却又反复失败时，结合幼儿的需求，教师需要添加低结构辅助材料，从而引导幼儿对新材料进行探索和尝试，并通过讨论来调整策略、解决问题。

低结构辅助材料，如筷子、吸管、薯片罐、饮料瓶、树枝、树叶等是没有固定结构和固定玩法、规则的一类材料。幼儿拿到此类材料后要对其进行感知和再认，然后根据游戏的实际需要对其加以取舍，从而完成具有创造性的作品。在上述案例中，幼儿起初尝试用筷子加轻黏土搭建出塔顶造型，但发现筷子的长短是一样的，难以实现造型比例的变化，于是又尝试用吸管和轻黏土组合，而吸管更利于幼儿进行裁剪和组合。

低结构辅助材料百变多样，教师可以进一步引导幼儿探究材料的多种玩法。幼儿在搭建过程中可以进行大胆的想象和创造，让自己的思维变得更加活跃。

场景二：适当减少部分辅助材料

在一次建构区活动中，孩子们按照主题“我们的城市”搭建城市中的高架桥，三个小朋友正用长方形的积木搭建高架桥的桥面，将圆柱形的积木作为立柱，高架桥高高低低有着起伏造型。前期投放的 KT 板马路也被利用起来，铺成地面道路。没过多久，孩子们就完成了搭建。于是，老师提出是否可以在马路两侧做一些路灯、绿化甚至建一些房子来丰富城市道路。孩子们快速做出反应，立马从材料筐里拿出成品辅助材料进行装饰。其中，晨晨正在尝试用细长的积木搭建路灯，但是一碰就倒，尝试几次都没有成功后，他就在一旁玩起了玩具汽车，直到活动结束。

搭建高架桥

用辅助材料装饰马路

案例分析：

从上述案例可以看出，辅助材料的投入并不是越多越好，辅助材料的出现可以帮助幼儿解决一些难以用常规积木搭建的问题，可以起到补充作用。但有时过多的辅助材料反而会影响幼儿建构能力的提升。针对这一现象，教师首先要分析班级建构区辅助材料的投放依据。大部分教师投放辅助材料的宗旨是尊重幼儿的意愿，按建构主题来投放。但在实际的建构区活动中，辅助材料投放较少的班级，幼儿建构水平相对高一些，他们会将积木或简单的低结构材料通过组合，拼成他们想要替代的物品。因此，过多或高结构材料容易让幼儿过于关注材料本身而忽视建构行为。教师应保留低结构材料和少数辅助材料，按建构主题、幼儿需求，有计划、有层次地减少辅助材料的数量，鼓励幼儿充分发挥想象力，提升幼儿的综合能力。

（案例提供：吴江区同里幼儿园　苏雅）

三、大班建构区材料投放案例

案例一：辅助材料投放多样化与单一性的对比

案例描述：

最近，孩子们在“你好，旧时光”主题下进行各个时期幼儿园的搭建。

第一次搭建：活动开始之前，孩子们对墙上贴着的三个时期幼儿园的照片进行了讨论，小明说：“现在的幼儿园有这么多房子，我们怎么搭建呢？”小雨给出了建议：“可以先画张图纸。”小乐自信地说：“你们没有发现它们是连着的吗？先数一数有几栋楼，我们分别把它们搭出来，然后再把它们连起来。”通过初步的讨论和规划，孩子们开始了第一次搭建，其间尝试了将许多辅助材料运用其中，有各种各样的小树、小桥等作为装饰，也尝试了将各种卷纸芯、“养乐多”瓶子作为楼层的支柱。在活动的最后，孩子们并未将完整的幼儿园搭建出来。孩子们相互指责了起来。小明说：“我们搭建的房子老是倒塌。”小乐说：“你们放了这么多挖掘机，幼儿园里哪有挖掘机。”小雨说：“我们一开始就把图纸画错了，当然搭不成功。”第一次搭建在孩子们你一言我一语的相互指责声中结束了。

第一次搭建幼儿园

可供选择的各类辅助材料

案例分析：

建构区辅助材料的适宜性有待提高。现在投放的是一些常用的卷纸芯、“养乐多”瓶子等辅助材料，但是这些材料并不能很好地支撑体积和质量较大的积木，幼儿用这些材料搭建的作品很容易倒塌。因此，在后期活动开展过程中，教师可以提前与幼儿进行一个建构区材料投放的讨论：建构区需要哪些材料，辅助材料可以投放哪些……对材料做一个针对性投放，然后帮助幼儿进一步提升建构技能。

第二次搭建：在吸取第一次搭建失败教训的基础上，老师在建构区中投放了幼儿园立体模型的照片，同时在活动开始之前带领孩子们参观了幼儿园立体模型，希望能够帮助他们感知幼儿园各栋楼的位置。活动开始了，小雨说："这次我们要把图纸画好，这样才不会出错。"小乐认真观察着幼儿园立体模型的照片说："你们看，这张照片上的房子好特别，我们可以先搭左边这块。"小明说："我发现我们幼儿园是一个对称的图案。"其他小朋友也惊呼道："是啊，这两边是一样的，那就好搭了。"孩子们发现这个秘密之后，很快便将完整的图纸画了出来，搭建再次火热进行着。小明说："我们不要用卷纸芯了，容易倒。我们还是用积木搭，这样稳一点。"这次孩子们并未使用其他的辅助材料，仅仅是根据幼儿园立体模型的照片便搭建出了完整的幼儿园。

参观幼儿园立体模型

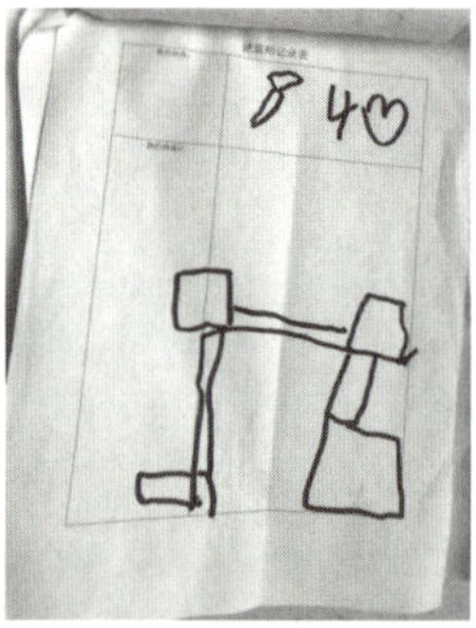

设计图纸

尝试搭建对称的幼儿园

案例分析：

建构区投放的主要材料过于单一，辅助材料的多样化对搭建起到本末倒置的作用，过多的辅助材料反而会转移幼儿的注意力，影响搭建效果。后期可以适当投放一些不同结构、大小的清水积木，进一步激发幼儿的建构欲望，促进他们建构技能的发展。同时，辅助材料的投放需要根据幼儿游戏的进程不断变化，这样才能发挥材料的最大作用。

（案例提供：吴江区同里幼儿园　朱芳艳）

案例二：自制材料制作方式的对比

案例描述：

在“同里的桥”主题建构活动中，两个相同年龄段的班级在搭建泰来桥的过程中都遇到了一个棘手的问题。泰来桥与其他桥的不同之处在于桥的上方有一个镂空的桥顶，类似一个凉亭，简单的清水积木不能将桥顶造型表现出来，需要一些自制材料加以辅助。因此，教师设计了本次对比：大三班定位为幼儿自己设计、自己动手制作建构过程中需要的自制材料；大四班则由教师根据幼儿的游戏需求提供相应的自制材料。

大三班的搭建：大三班的幼儿在搭建开始的时候讨论了起来。丽丽说：“我们用什么来搭泰来桥的桥顶比较好呢?”娅娅说：“我觉得可以用一次性筷子作为四根柱子。”轩轩说：“那不行，一次性筷子太细了，支撑不起桥顶来。”亮亮说：“可是我们的积木又太粗了，搭起来也容易倒塌。”兰兰说：“得想个办法才行。”这时，有小朋友从班级资源库中找来了报纸说：“我们可以把报纸卷起来，卷成长条，这样粗细、长短都可以调节。”珍珍说：“这是个好方法，想要多长都可以剪出来。”于是，孩子们进行了一些分工，有的用报纸卷出纸棍，有的进行桥身的搭建，还有的根据桥的大小用剪刀剪出不同长度的纸棍。没过多久，孩子们便将泰来桥上的镂空亭子搭好了，正当他们为自己的聪明才智感到骄傲的时候，由于纸棍太轻，亭子倒塌了，但是孩子们并没有气馁。在第二天的搭建中，孩子们讨论出用轻黏土将纸棍连接处固定的办法，这时一个小朋友喊道：“我知道我们上次搭的泰来桥上的亭子倒塌的原因了，你们看桥柱边上都是有一根长的柱子作支撑的，这个三角形能让我们的亭子变得稳固。”其他小朋友摸索一番之后也喊道：“是的，有了这四个三角形，亭子才不会倒塌。”最后，孩子们将泰来桥完整地搭建好了，牢固又逼真。

尝试制作自制材料

大三班合作搭建泰来桥的桥顶

教师自制泰来桥模型

大四班的搭建：大四班在搭建泰来桥的时候也出现了桥顶搭建失败的问题。老师在询问了孩子们的需求之后，直接投放了自己用纸板做的泰来桥模型。孩子们观察并讨论了泰来桥模型的构造，并慢慢搭建了起来。冉冉说：“你们看，老师的模型中桥顶是镂空的，我们可以用什么方法表现出来呢？”宁宁说：“我们可以用小木片搭出镂空的感觉。”琪琪说：“对的。它的顶部有两层，我们不要忘记搭。”孩子们尝试用小木片搭建镂空的桥顶，但是由于小木片的质量太大，竖起来之后容易倒，最后，他们经过多次尝试，决定将小木片横过来，上面架着小木片，搭出半镂空的桥顶，这时桥顶上的桥檐难倒了他们，怎样搭建才能让小木片斜过来但又不滑下来呢？经过几次摸索之后，他们发现先搭出一个金字塔造型，然后再在上面铺上小木片，这样才最稳固。孩子们最终也顺利地将泰来桥完整地搭建好了。

合作搭建泰来桥的桥柱

大四班合作搭建泰来桥的桥顶

案例分析：

在大三班的搭建过程中，幼儿自主选择材料进行自制材料的制作，并根据实际需要不断改进和完善。虽然搭建泰来桥耗时比较长，制作纸棍也花费了不少时间，但是幼儿的探索热情越来越高涨，最终很逼真地展现了泰来桥的全貌，还发现了用三脚架固定等力学原理。在大四班的搭建过程中，教师直接投放了泰来桥模型这一辅助材料，能够帮助幼儿直观了解泰来桥的构造，因此幼儿在一次区域活动中便能搭建好整座泰来桥，搭建效率大大提高，泰来桥模型这一自制材料也大大发挥了它的作用。因此，幼儿自己动手制作与建构相关的自制材料更有助于幼儿持续深入地探索，一次又一次地尝试，不断更新和改造，幼儿的兴趣也越来越浓厚，但是可能存在时间浪费等问题，如果能够与其他区域，如美工区、科学区进行联动，那么搭建效率可能会更高。一次性投放辅助材料可以帮助幼儿更直观地了解建筑物的构造，加深他们对建筑物的认知，提升他们的建构技能，同时也能提高搭建效率。两种方法各有利弊，需要教师根据具体游戏开展情况酌情选择。

（案例提供：吴江区同里幼儿园　朱芳艳）

案例三：自制材料投放对幼儿建构活动的推进作用

案例描述：

孩子们通过主题活动的学习，对小学有了进一步的认识与了解，决定搭建自己心目中的小学。他们通过前期的设计与分工，很快就开始了行动，燕燕和成成负责搭建教学楼和体育馆，东东和文文负责搭建围墙和大门，天天负责搭建停车场。

燕燕和成成搭建教学楼和体育馆

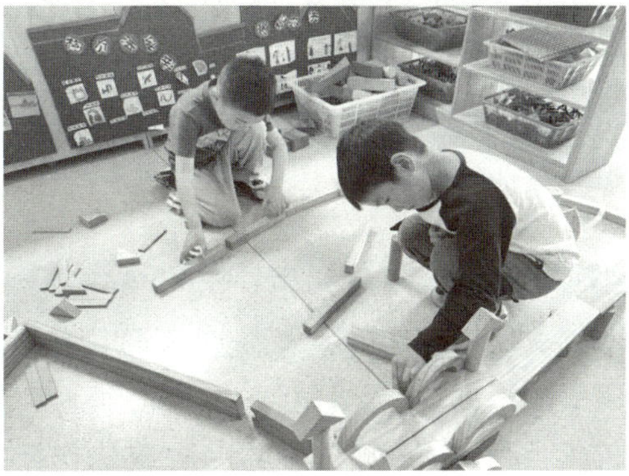

东东和文文搭建围墙和大门

孩子们按照分工各自忙碌着，教学楼和体育馆很快就有了雏形，围墙和大门按照图纸的设计也有了大概的框架。这时，燕燕说："上次我们去小学参观，看见小学里有好多漂亮的植物，有桃树、李树、紫藤、凌霄花，可我们搭建的小学里植物有点少。"文文立马用记号笔在白纸上画了几棵树，摆在围墙和广场中，可他们还是有些不满意，因为有点难看。"我到美工区拿一些彩笔画棵好看的。"成成自告奋勇地说。于是，大家纷纷加入进来，一一去询问老师是否能再拿些其他工具和材料来丰富建构内容。不一会儿，就看到他们在彩色卡纸上画下了各种形态的植物。东东更是发动了美工区的小朋友，让他们帮忙制作了国旗。

天天搭建停车场

初次尝试画一些树木

用彩笔和彩纸增强效果

到了第二天，孩子们又来到了建构区，在保留的小学作品中，继续增添一些校园内的标志、立体雕塑及足球场、篮球场等运动设施。很快，孩子们就有了一系列小学主题的辅助材料，这有利于他们在建构活动中的深度学习。

案例分析：

在上述案例中，建构区的幼儿根据自己的设计图，有目的地为作品增添植物绿化元素，第二天又在原有作品的基础上设计制作了更多的辅助材料，将自己观察到的细节添加到作品中，从而提高作品的完整性。此时，教师为幼儿提供辅助材料，不仅能帮助幼儿完成作品，还能延长幼儿的活动兴趣，使幼儿愿意持续地丰富和完善作品。大班幼儿喜欢以呈现建构作品的形式来加深自己对周围事物的认识，有目的地选择合适的辅助材料来提高作品的完整性。他们这一自主自发的行为甚至调动了美工区幼儿的活动热情，实现了区域之间的联动。幼儿合力制作的植物、国旗、雕塑等辅助材料，为建构区以后的活动提供了材料支持，也让幼儿可以在建构区中继续延伸游戏。

由此可见，基本材料和辅助材料的搭配是影响幼儿游戏的重要因素，建构区材料之间的互动和内在联系会引导幼儿的游戏方向。通过此次活动，教师继续鼓励和帮助幼儿在区域内增设更多系列的自制辅助材料：教室内的设施设备、体育馆的运动器材等。当材料以不同方式组合、呈现时，幼儿的建构兴趣会再次被激发，其建构能力也会不断得到提升。不同材料的搭配也可以碰撞出新的火花，从而有效促进幼儿的深度学习。

（案例提供：吴江区同里幼儿园　苏雅）

第六章 观察为基　有效互动

——建构区活动实施与指导

内容简介

建构区活动的顺利实施离不开教师的有效指导。教师在建构区活动实施与指导的过程中要注重观察、学会观察，在观察的基础上进行适宜的、有效的指导与互动，从而培养幼儿的建构能力，促进幼儿的经验生长。本章对建构区活动实施与指导的原则、流程和要求、策略等内容进行了详细介绍，并提供了各年龄段和各环节的具体案例，以期为建构区活动的实施与指导提供有效建议。

思维导图

- 建构区活动实施与指导
  - 建构区活动实施与指导概述
    - 建构区活动实施与指导的原则
    - 建构区活动实施与指导的流程和要求
  - 建构区活动实施与指导的策略
    - 建构区活动实施与指导的一般性策略
    - 各年龄段建构区活动实施与指导的策略
  - 建构区活动实施与指导案例
    - 各年龄段案例
    - 各环节案例

第一节　建构区活动实施与指导概述

若想让游戏成为对幼儿有益的活动，离不开教师对游戏的组织与指导。在建构区活动中，教师的实施与指导既要让幼儿学习建构技能，又要保证幼儿主动性、积极性、创造性的发挥，还要注重培养幼儿的协商、合作能力，从而使建构游戏的教育价值和作用得到充分发挥。

一、建构区活动实施与指导的原则

（一）组织与实施的原则

1. 随机灵动原则

（1）根据幼儿的意愿决定建构内容，因此幼儿建构区游戏的引发有许多的可能性，教师应尊重幼儿的建构意愿进行组织。

（2）根据幼儿的喜好提供场地和材料，因此教师对建构区活动场地和材料的提供应跟随幼儿的建构主题需要进行调整。

（3）根据幼儿的兴趣决定活动时间的长短及一起游戏的伙伴，因此对建构区活动时间的安排是灵活的，具体的组织方式也是有多种可能的。

2. 最优整合原则

（1）建构区活动组织会走向对课程最优化的追求。

（2）尽可能与其他区域进行联动，实现建构区的高效安排。

（3）根据建构区活动中幼儿出现的探究热点，选择适宜的课程进行融合，实现区域与课程的有效整合。

3. 协调统一原则

建构区活动既要追随幼儿在建构区游戏中的兴趣点，又要注意对幼儿发展全面性与差异性的追求，因此要兼具自然性与教育性，对其实施与指导就要遵循协调统一原则。教师应有意识地结合幼儿各方面的发展情况，进行有效的组织与实施，既不能像教学活动那样以教师安排控制为主，也不能放任幼儿完全自由。教师应在全面把握与平衡的基础上，以开放、灵活的总体理念对建构区活动的组织与实施进行方向性的把握。

（二）教师指导的原则

1. 辩证统一原则

教师在建构区活动中的“导”不能以牺牲幼儿的游戏自主为代价，教师在建构区活动中的“放”也不能以牺牲幼儿获得发展为代价。因此，教师对建构区活动的指导应以既能发挥指导作用，又能保护幼儿游戏的自主性为出发点，并且教师的指导是为了以后的“不指导”，教师对建构区活动的指导应以保护、激发幼儿在游戏中的学习自发性为目的。

2. 观察解读在先原则

教师对建构区活动的指导，一定是建立在对幼儿多方面表现的细致观察与深入解读之上的，包括幼儿对建构材料的使用方式、与同伴互动情况、对建构主题的理解程度、建构技能的掌握水平及在建构过程中遇到的各种问题等。教师只有深入分析幼儿的现有水平和影响幼儿现有水平的各种因素，才能决定如何指导幼儿。没有建立在观察解读幼儿建构游戏基础上的指导，必定是教师从成人视角出发的。此时的游戏往往已经不是游戏，而是“游戏儿童”，游戏促进幼儿良性发展的愿望也无法达成。

3. 适度适宜原则

幼儿建构游戏行为千变万化，因此教师对幼儿建构游戏的指导不能生搬硬套固定的模式。教师应在具体的游戏情境中，捕捉现场出现的各种教育契机，根据幼儿的实际游戏情况及可利用的现实资源，采用合适的方式进行适宜的指导。

4. 放管结合原则

“指导”与“放手”是教师在进行建构区活动指导时经常面临的两难抉择。既要保证幼儿在游戏中的主体地位，又要发挥教师的指导作用，是教师进行建构区活动指导的总体原则。对于教师应“指导”还是“放手”的困惑，其症结并不在于教师是否进行指导，而在于“什么时候进行指导”，即指导时机的把握问题，以及“如何指导更有效”，即指导策略的优化问题。

二、建构区活动实施与指导的流程和要求

（一）组织与实施流程

开展不同的自主性建构游戏，能够激发幼儿的多样化需求及发展潜能。只有根据游戏实施的实际情况，采用不同的组织方式与实施流程，形成多元的、开放的、具有无限可能的建构游戏组织与实施生态，才会带来无限的生机。

建构游戏的组织与实施应基于对幼儿建构游戏主体的回归与确认，围绕教师介入游戏的方式与程度，在“尊重幼儿游戏意愿”“支持幼儿游戏”“观察解读幼儿游戏”“诱导推进幼儿游戏”四个层级之间，形成多向互通、多元开放的流程。随着幼儿建构游戏的发展，教师可以灵活地介入任何一个环节，无限地、自由地、独特地推进幼儿开展建构游戏。

（二）活动各环节指导要求

1. 活动前的准备与指导

要求 1：经验准备。

表象经验的积累：在活动开始前，教师应该有目的地引导幼儿观察、发现、比较建筑物的形状、颜色、结构及空间位置关系，以丰富幼儿的感性经验，在激发幼儿建构愿望的同时，提升幼儿的建构水平。

技能的预备：建构游戏与其他游戏的一个主要区别是技能的支撑，教师可以针对幼儿需要掌握的基本技能设计一些好玩的游戏，来吸引幼儿多学多练。

要求 2：为幼儿提供建构的材料、时间和场地。

建构区需要空间相对大一些且比较安静的场地，以减少各个区域之间相互干扰。教师应根据班级幼儿的需求，找到最合适的场地，同时也要考虑建构区材料的安全性、多样性、层次性是否能满足幼儿各方面发展的需求。

共同制订计划

要求 3：关注幼儿制订计划的环节。

教师在幼儿制订计划的环节要给予幼儿更多的关注，观察幼儿在开展活动前是否遇到需要帮助的地方，这对后续幼儿完成合作构建有很大的帮助。比如，作画时，幼儿想象的画面非常丰富，但因为绘画技巧的缺乏，幼儿不会绘制某个自己想象的建筑。这时，教师的支持就至关重要。教师帮助幼儿作画、引导幼儿借助于

其他幼儿的力量、提供类似建筑的图片等，都是对幼儿提供支持和帮助的手段。

2. 活动中的指导

要求 1：细致观察，捕捉介入的有效时机。

观察是教师指导的基础。通过对幼儿建构游戏的观察，教师可以对幼儿的已有经验进行评价，并依据评价确定幼儿所需要的帮助，计划下一步的指导。幼儿搭建的进步离不开教师观察的力量。

要求 2：共同游戏，不断探索、大胆创新。

共同游戏是教师指导的有效途径。在幼儿游戏时，教师可以以游戏者的身份参与到游戏中，自然而然地成为游戏深入的助推器。例如，在“亲亲剧场”这一主题建构活动中，幼儿发现小舞台是半圆形的而不是方形的，当幼儿经过讨论、尝试仍不能解决问题时，教师将长方形纸板弄弯来做剧场的停车场棚，这给了幼儿灵感，启发了幼儿的想象力，使幼儿顺利地完成了剧场舞台的搭建。

要求 3：鼓励肯定，支持幼儿获得成功的体验。

鼓励肯定是教师指导的重要方式。鼓励对于幼儿来说是前进的动力、灵感的催化剂，因此教师要以自己的热情去激发幼儿的信心及动手欲望。当幼儿遇到挫折时，或不敢与他人合作时，抑或想要分享成功的喜悦时，教师一个赞许的眼神或一句鼓励的话，都可能给幼儿带来极大的自信与勇气，使幼儿在建构游戏中获得成功的体验。

3. 活动结束后的指导

要求 1：采取多种形式保留幼儿的建构作品。

建构区活动结束后，教师需要保留幼儿建构的痕迹，就是将幼儿的建构作品保留下来。如果建构作品过大，占用了很大的空间，不适宜保留，教师可以将建构作品拍成照片保留，另外也可以设置建构作品保留区等，以多种形式保留幼儿的建构作品。教师在带领幼儿参观作品实物，观赏他人的作品时，不仅可以让幼儿感受游戏的丰富内容，启迪幼儿建构的新思路，而且可以激发幼儿的构建欲望，提升幼儿的建构能力。

设置建构作品保留区

带领幼儿参观作品实物

要求 2：鼓励幼儿交互评价。

游戏后的评价是对幼儿游戏的一种间接指导。交互评价集幼儿自评、同伴互评、师幼共评于一体，对建构游戏的深入开展及幼儿建构水平的提高至关重要。教师可以采用集体评价或小组评价的方式，让幼儿围绕建构主题、遇到的问题、解决的方法等发表自己的看法，分享自己的经验。比如，在“立交桥”主题建构活动中，幼儿主动分享起搭建立交桥时如何让不同高度的立交桥相接，并保证较缓坡面与地面相接的方法，通过这种经验分享，幼儿之间互相学习，有助于丰富幼儿的建构知识，用榜样的力量影响其他幼儿。

幼儿自评

同伴互评

要求 3：以评价促进建构区规则的完善。

制定规则是区域活动很重要的内容，但区域规则的制定不是由教师决定的。教师应在《指南》的指导下注重幼儿的自我评价，可以利用建构区活动的评价，让幼儿通过直接感知、亲身体验、实际操作去发现问题，并以讨论的形式展开话题，让幼儿一起参与规则的制定和修改完善，这样更有利于他们对规则的遵守。比如，建构区活动结束后，幼儿提出有人乱放积木，没有按照类别整理，教师组织幼儿进行讨论，幼儿自己绘制标识，按照标识进行整理，养成良好习惯。教师将这一规则贴在规则牌上后，再也没有出现幼儿乱放积木的问题。

第二节 建构区活动实施与指导的策略

建构游戏不仅能丰富幼儿的主观体验，发展幼儿的动手能力和建构技能，更重要的是能使幼儿在协商、礼让、交换的游戏氛围中，学会分享与合作，尝试开拓与创新，体验成功与挫折，从而实现合作交往能力的提高及个性的和谐全面发展。

一、建构区活动实施与指导的一般性策略

（一）活动前的支持策略

1. 确定建构内容，激发建构兴趣

无论是主题建构还是自由建构，首先要明确的是建构内容。建构内容可以选择贴近幼儿生活、幼儿感兴趣的内容，也可以选择与班级主题活动有联系的内容，还可以选择能为幼儿建构技能的发展奠定基础或提高幼儿建构创造力的内容，这样幼儿的建构兴趣才会更加浓厚。

2. 了解建构内容，拓展知识经验

幼儿可以通过试、听、问、记等多种方式，围绕建构内容，参观、调查、收集、整理相关内容。对于同一内容，幼儿可以反复多次参观与调查。比如，教师发现幼儿在第一次活动中对相关内容的经验不足，便可以组织幼儿再进行此环节，从而丰富幼儿的知识经验。

3. 讨论建构问题，制订建构计划

幼儿可以通过分享经验、沟通讨论来制订建构计划。幼儿需要对建筑造型、建筑布局、游戏材料、操作、分工与合作等有具体的规划。根据不同年龄段幼儿的发展水平，小班幼儿以口头计划为主，中大班幼儿以书面计划为主，这个环节使幼儿后期的行为更具目的性。

（二）活动中的支持策略

1. 适时适度介入

要想发挥建构游戏的最大教育功效，教师在建构游戏中的指导是不可忽视的。观察是教师了解、支持、指导幼儿游戏的第一步，在仔细观察游戏过程后，教师需要立即进行思维加工，判断哪些情形需要介入，以什么方式介入，哪些情形则可以暂缓介入，这样能满足幼儿游戏中的真正需求，保障幼儿的主体地位。教师介入幼儿游戏的时机取决于两方面的因素，一方面是教师的期待，另一方面是幼儿的需要。教师可以从以下几种情形判断：其一，当幼儿无法投入建构游戏时；其二，当幼儿难以与同伴互动时；其三，当幼儿延伸或拓展自己的建构有困难时；其四，当幼儿缺少建构材料，无法进行游戏时；其五，当幼儿在建构过程中遇到困难，丧失信心时；其六，当幼儿在建构中出现负面行为时；其七，当幼儿的想法或做法违反建构区规则时。只有出现上述情形，教师才可以选择适当的方式介入。当教师的介入没有达到预期效果时，教师应及时退出幼儿的游戏。

2. 以强带弱，以大带小

同伴之间比师幼之间更容易沟通。不同幼儿的发展水平不同，教师可以让建构水平较高的幼儿和建构经验缺乏或对建构游戏不感兴趣的幼儿共同游戏，通过以强带弱的方式，初步发展幼儿的合作意识，提升幼儿的建构能力。另外，教师也可以让中大班幼儿和小班幼儿共同游戏，在以大带小的模式中，小班幼儿的建构能力会很快提升。

（三）活动后的支持策略

1. 整理场地和材料

游戏结束后，收拾整理场地和归类收纳材料，既是方便下次游戏的必要工作，也是培养幼儿良好生活习惯的重要时机。教师可以利用积木和玩具独特的形态特征，采用标记匹配等策略，来培养幼儿观察、比较、分析的能力。

2. 评价与总结游戏

（1）评价与总结的内容。

① 分享游戏中的快乐体验。

② 捕捉有趣的情节。

③ 鼓励幼儿交流对材料的创作和使用心得。

④ 评价幼儿在游戏中的行为表现。

（2）评价与总结的方式。

① 讨论。通过语言描述、展示照片或游戏中的绘画表达等方式，引导幼儿提出相关问题，以师幼共同商讨或小组交流等形式展开讨论，得出正确结论。

② 现场评议。通过组织幼儿现场参观，进行幼儿互评。

③ 分享。每个区域轮流分享他们的游戏过程，教师进行有针对性的引导与总结。

二、各年龄段建构区活动实施与指导的策略

（一）小班建构区活动实施与指导的策略

小班幼儿处于独自游戏和平行游戏的高峰期，对建构材料和建构动作感兴趣；建构没有目的性，只有当别人询问时，才会注意并试图赋予建构物名称；对建构材料的选择比较随意，主要通过形状来理解材料的用途；建构技能简单，常见延长、平铺、垒高三种典型行为；即便到了小班后期，幼儿明确了建构主题，也易出现活动中断的情况，坚持性较差。

1. 帮助熟悉建构材料，培养建构兴趣

教师要引导小班幼儿熟悉建构材料，有意识地丰富小班幼儿搭建简单物体的经验，或者组织小班幼儿参观中大班的建构活动，培养幼儿的建构兴趣。

2. 引导掌握基本建构技能，保证建构顺利进行

掌握初步的建构技能，是幼儿顺利建构的基础，但建构技能不能单独教，否则幼儿会感到枯燥乏味。教师可以将建构技能融入各种小游戏中，用游戏的口吻示范讲解或以游戏伙伴的身份指导幼儿循序渐进地掌握建构技能。

3. 增强建构的目的性，发展想象力

教师要经常有意识地引导幼儿说出建构物的名称，引导幼儿理解和明确建构的目的，发展他们的想象力，使建构主题逐渐稳定。

4. 加强规则意识培养，养成良好行为习惯

师幼商讨建立规则，并鼓励幼儿遵守规则，在保证自身安全的前提下开展建构游戏，使幼儿从小养成良好的行为习惯。

（二）中班建构区活动实施与指导的策略

中班幼儿处于联合游戏阶段，逐渐学会与同伴交流、分享，对建构过程和结果都充满兴趣；建构目的比较明确，有初步的建构计划；对建构材料比较熟悉，能根据建构物的特性来选择材料；建构技能由单一延展向整体布局转变，集中在垒高、围合和架空三种行为上；能按照主题进行建构，建构主题相对稳定，具有独立建构的能力。

1. 丰富经验，学会观察

教师要丰富幼儿的生活经验，让幼儿了解不同造型创意，初步理解数学图形知识，逐步形成空间概念，学会观察建构物的特点。

2. 画好设计方案，学会看平面图

教师要引导幼儿画好设计方案，学习有目的地选择多种材料，学会看平面图，有目的、有计划、有顺序地围绕图纸建构，鼓励幼儿较正确地建构物体。

3. 注重合作，加强交流

教师要有意识地鼓励幼儿进行小型集体建构，加强与同伴交流，养成初步的合作意识，促进幼儿创造性思维的发展和建构水平的提高。

4. 积极肯定幼儿，注意问题的延伸与生发

教师要积极肯定幼儿的搭建创造，鼓励幼儿独立自主地发表意见，表达建构物的含义，加强主题稳定性。针对幼儿发现的问题，教师要认真听取幼儿的意见，给予幼儿实践的时间，注意问题的延伸与生发。

（三）大班建构区活动实施与指导的策略

大班幼儿处于合作游戏阶段，喜欢与同伴共同游戏，有较强的共同建构能力，对建构过程和结果能事先进行一定的规划、设想；建构的目的性、计划性较强，能长时间围绕一个主题进行建构，直到达到自己的目的；建构技能日趋成熟，建构行为愈加复杂，由单一模式发展为各种模式的组合搭建，能熟练运用不同特点的建构材料；能根据需要不断产生新的建构主题。

1. 尊重和信任，着重培养自主性和独立建构的能力

教师作为建构区活动的组织者、引领者、参与者、指导者，应尊重、信任、激励、欣赏幼儿。由于建构游戏的主体是幼儿，对于自主探究不同类型的建构游戏需要选取怎样的游戏材料，不同类型的建构游戏需要遵守怎样的游戏规则，不同的建构游戏过程中有哪些相关的重点、难点、关键点及有哪些注意事项，不同的建构游戏开展的时间长短等问题，大班幼儿已有一定的经验和技能，可以自己把控，教师要尊重和信任他们。

2. 鼓励集体建构，学会分工合作

教师要鼓励大班幼儿围绕主题开展参与人数多、持续时间长的集体建构活动，共同设计方案、制定规则、分工合作。

3. 关注建构细节，挖掘创造潜能

教师要引导大班幼儿进行多种技能的组合搭建，鼓励幼儿搭建出整齐、匀称、结构复杂和富有创造性的建构物，尝试更多新材料，运用辅助材料表现物体细节特征，培养幼儿的创造能力。

4. 提升整理能力，尝试记录统计

对于大班幼儿来说，大型建构较多，除提供搬运积木的工具以外，教师可以鼓励幼儿自己记录和统计每次整理积木的时间，适当地进行排序，探索每次整理时间的变化及其原因，学会记录每次整理的经验，并和同伴分享自己的经验，有效提升幼儿的整理能力。

第三节　建构区活动实施与指导案例

一、各年龄段案例

小班案例：家乡的桥

案例背景：

“家乡的桥”主题活动已经开展了一周，孩子们谈到“桥”的时候总是兴致勃勃。雯雯说：“我家门口的桥在小河上，是弯弯的。”乐乐说：“我家那边的桥很长很长，很多汽车在上面开来开去。”轩轩说：“我看到太湖边的桥晚上有漂亮的灯光。”于是，搭建“家乡的桥”的想法应运而生。

案例描述：

乐乐从材料箱里拿来了纸砖，然后将两块纸砖竖放在了地板上。一旁在拿积木的雯雯看见后，放下了手中的积木，也选择了同样的材料。

乐乐把纸砖横放在两块竖放的纸砖上，结果马上就遇到了困难，原来两块竖放的纸砖上只够放一块横放的纸砖。乐乐把其中一块竖放的纸砖挪出来一点后，又竖放了一块纸砖，马上又遇到了同样的问题。

同一时间里，雯雯一直在乐乐对面，模仿着乐乐的动作，但她并没有遇到和乐乐相同的问题，一直沉浸在重复搭建中。

“我的桥搭好啦！”乐乐兴奋地喊道。

“我的桥搭好啦！”轩轩边喊边拍起手来。

“这座桥造得真不错，可是我的小汽车怎么开上去啊？”老师在旁边拿着玩具小汽车询问道。

乐乐沉默了很久，雯雯在旁边也不说话。乐乐突然跑到主题墙边，看着墙上的照片高兴地喊道：“我知道啦。”

乐乐拿来两块长条形木板，将它们分别搭在桥的两边后，跑到老师身边说：“老师，你看这样你的小汽车是不是就可以开上桥啦？”

乐乐与雯雯搭桥

乐乐通过照片获得成功的体验

案例分析：

1. 不同的幼儿技能发展速度和达到某一水平的时间不完全相同。乐乐在搭建过程中有目的、有想法，而雯雯还处于模仿阶段，但两名幼儿都沉浸在其中，并在搭建中获得了愉悦的感受。

2. 两名幼儿还处于独自游戏阶段，彼此没有沟通、合作，社会性发展还需要加强。

3. 本次活动主要运用了架空的技能，两名幼儿的精细动作发展较好。乐乐在搭建过程中遇到了纸砖距离导致横着的纸砖无法盖上的问题，虽然乐乐想到了将纸砖挪出一点的办法，但他并没有意识到两块竖放的纸砖距离合适才是顺利盖上的关键，同样的问题反复出现，体现了小班幼儿的直觉行动思维。而雯雯虽然一直在模仿乐乐的搭建，但小班幼儿思维模式单一，如观察得不仔细，一点点的不同凑巧出现了第二种搭建方式，但是两名幼儿都没有意识到。

4. 在本次活动中，照片的直观形象启发乐乐成功找到了问题的关键所在，善于观察、乐于思考、敢于探索的品质让乐乐获得了成功的体验。

指导策略：

1. 内容选择的有效支持。内容选择不仅要贴近幼儿的生活，而且要与班级主题活动较好地联系在一起。“桥”是幼儿感兴趣的，也是正在接触的，幼儿对“桥”有了一定的经验。因此，将“桥”选作建构内容，有利于提高幼儿的主动性，为幼儿获得成功的经验提供了基础。

2. 形式多样的有效支持。以大带小、师幼互动推动游戏深入进行。在整个搭建过程中，乐乐、雯雯共同游戏，雯雯在模仿乐乐的过程中潜移默化地提升了建构能力，而教师的语言提示也将幼儿潜在的创造力激发了出来。

（案例提供：吴江区七都幼儿园　杨雨馨）

中班案例：动物园

案例背景：

周一早上，小宇兴奋地对好朋友小尧说："上周末，我爸爸妈妈带我去了动物园，动物园里动物可多了。""我也去过动物园，我见到了鳄鱼，他的家在河里。"小尧也兴奋地分享着自己的经历。越来越多的小朋友靠过来，叽叽喳喳地讨论着，他们决定要建造一个动物园。小朋友们自发从家里带来了许多小动物模型，就这样动物园建造开始了。

案例描述：

小宇一上来就拿了许多圆柱形积木进行垒高。"小宇，你搭什么啊？"小尧问道。"我搭计划书上老虎的房子。"小宇回答道。"好，那我来搭猴子的房子。"小尧说。"那我搭小鸟的房子吧。"多多说道。

"那我搭啥呢？"思思问道。"你可以搭鳄鱼的房子呀。"小宇给思思出主意道。

小宇搭老虎的房子

小宇想在四根圆柱形积木上搭长方体积木，但很快就出现了问题，第一根、第二根、第三根长方体积木很容易就搭好了，可是第四根积木怎么也合不起来。小宇不停地搬动着圆柱形积木，终于在第四次的时候合上了，可是问题又来了，最后一根积木长了一截，小宇不开心地发出"哎呀、哎呀"的声音。思思走过来问道："小宇，怎么了？""我这个怎么也搭不好。"小宇回答道。"我来帮你。"思思说着就开始了尝试，换了一根短一点的积木过来。"不是这样的呀，这是个正方形。"小宇偷偷抹了一下眼泪。

"小宇，你是在搭老虎的房子吗？"老师走到小宇身边问道。小宇轻轻地点了点头。"哇，你这么厉害，搭的楼层这么高，我可以加入吗？"老师接着问道。"可是这个应该是正方形的，我搞不好。"小宇丧气地说。"我们再来试试看，老师相信你可以的！"老师鼓励他道。于是，小宇又开始慢慢调整角度。

"我觉得这次应该可以了。"小宇看了一眼说。"那我们来试试看。"老师再次鼓励他道。这次小宇成功了，脸上露出了大大的笑容。

小宇继续搭建，他将两根积木放在上面，两根积木放在下面，突然他像是发现了什么，拿了许多长方体积木过来，排列在了下面的两根积木上，最上面还围合了一个正方形。

此时，搭好房子的思思和多多也帮小尧搭好了猴子的房子。“你们看，这是两层的房子，老虎可以在下面睡觉，还能到上面来晒太阳。”小宇介绍道。“我们也用拼插积木给猴子建造了一个特别高的房子，这样它们就可以爬上爬下了。”小尧自豪地说道。

小尧搭猴子的房子

动物园搭建完成

案例分析：

1. 进入中班后，幼儿的建构技能、建构经验逐步发展和丰富起来，在建造动物园的过程中，幼儿能够利用自己已获得的生活经验和已有知识，共同协商、互相配合，在遇到困难时能自己思考，互帮互助，努力尝试解决问题。

2. 小宇在搭建老虎的房子过程中，能灵活运用垒高、围合、组合、架空等技能，并将生活中学到的数学图形知识与建筑物相结合。虽然在经过几次尝试之后有些丧失信心，但是在教师的鼓励下能马上走出悲伤的情绪，再次尝试，并在最后用双层楼创造性地表现老虎的房子，手眼协调能力得到了锻炼。

指导策略：

1. 适时介入，保证游戏顺利进行。在游戏过程中，教师需要对幼儿进行细致的观察，对幼儿接下来的行为进行预判，若幼儿出现需要教师指导的情形，则找准时机及时介入游戏。当看到幼儿出现消极反应，不知道如何继续游戏时，教师的适时介入能够保证游戏顺利进行。

2. 积极肯定幼儿的行为，信任幼儿的能力。鼓励对于幼儿来说是前进的动力、灵感的催化剂，因此教师要以自己的热情去激发幼儿的信心及动手欲望。当幼儿遇到挫折时，教师的肯定会让幼儿信心倍增，再次以积极的情绪投入游戏之中。

3. 提供适宜、丰富的建构材料。从最后的成果图不难发现，在本次活动中，适宜、丰富的建构材料提高了幼儿活动的兴趣，激发了幼儿的想象力，促进了游戏的有效开展。

（案例提供：吴江区七都幼儿园　庄莉）

大班案例：自信的中国人

案例背景：

在“自信的中国人”主题活动中，解放军的英勇形象深深吸引了孩子们。飞飞感叹道：“我真想成为解放军，把坏人都打倒呀。”杭杭听到后马上表示赞同：“我也是，我和爷爷看电视的时候，爷爷说防空洞能很好地保护我们。”生生激动地说：“还要埋地雷，做陷阱，不能让任何一个坏人跑掉！”

案例描述：

孩子们通过了解，提前绘制了“军事基地”设计图。游戏开始了，孩子们自己找到好朋友，合作搭建。杭杭拿着奶粉罐、西西拿着积木开始搭建，杭杭将奶粉罐摆在四个角上，西西负责用积木加固。“这边要留窗户，要是坏人来了就能开枪。”飞飞提醒道。“这样好了吗？”西西问道。杭杭想了想说：“不对，防空洞上面没盖上，万一飞机上投炸弹下来不就完蛋了。”杭杭和西西赶紧将积木盖到顶上。

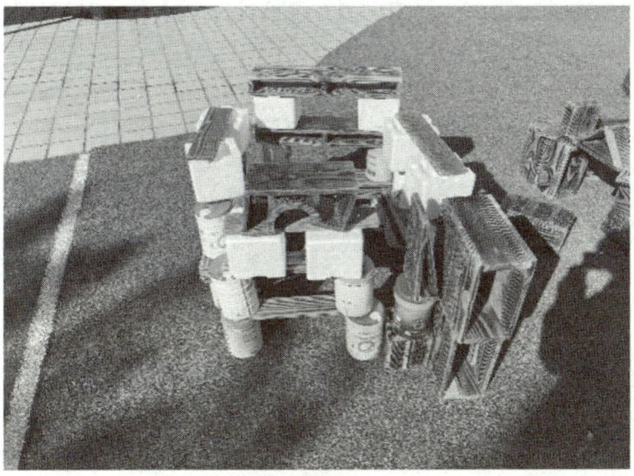

搭建防空洞

搭建军事基地

飞飞快速地搬运着材料说：“我们的基地要盖得高一点、结实一点，不然很容易就被破坏了。”“嗯嗯。”彤彤点头回应着说，转身又去搬运材料了。“大炮也要装上，四周都要。”飞飞又嘱咐其他小朋友将奶粉罐放在墙上与四周作为大炮。

搭建炸弹区

生生一个人用积木在基地旁边围了一个没封口的圈。“好了，我这边是炸弹区，我还要做个门骗骗坏人。”生生解释说。于是，他又找来三角形积木架在没有封口的地方。他站起来，想了想，又拿了一块人行横道标志牌放在旁边。“哈哈，这下坏人肯定不知道这边是炸弹区了。”生生开心地说。

案例分析：

1. 大班幼儿有自己独特的建构想法，兴趣促使他们积极主动地参与到建构游戏中，而经验支持着他们在不断调整中构建出一座“军事基地”。

2. 在本次活动中，幼儿互相合作、分工配合，共同完成建构目标。幼儿在游戏过程中解决问题的能力有较明显的提升，如陷阱如何做得逼真、用什么材料来表现大炮等。

3. “军事基地”内部的场景构造比较简单，军事地图、会议桌及物资等的摆放还不够细致。

指导策略：

1. 营造游戏氛围，激发幼儿参与兴趣。游戏的目的是给幼儿一个自由、自主的空间，为幼儿提供进行操作、实践与探索的机会。在大班建构区活动中，教师要让幼儿成为游戏的主人，把游戏权交给幼儿，让他们自己去策划、制作，让建构游戏更具吸引力。

2. 尊重和信任幼儿。在大班建构区活动中，教师要尊重和信任幼儿，读懂幼儿的行为意图，同时建议幼儿以小组形式开展建构游戏，以此提升幼儿交流合作、相互学习的能力。

3. 挖掘创造潜能，培养幼儿创造能力。在大班建构区活动中，教师要提供多样化的材料，满足幼儿游戏的需要。与此同时，教师可以向幼儿推广创意建构，激发幼儿的创造力。

（案例提供：吴江区七都幼儿园　孙月姝）

二、各环节案例

计划环节案例

案例描述：

早上刚入园不久，只见悠悠、贝贝、大米插好建构区的牌子后开心地坐在了一起。

悠悠问：“我们今天搭什么啊？”

大米说：“上周末，我爸爸妈妈带我去公园放风筝了，公园可漂亮了，不如我们搭建一个公园吧。”

悠悠赞同道：“好呀，那我们去画设计图吧。”

于是，三个小朋友回到自己的座位上画起了设计图。

没过一会儿，三个小朋友就都画好了，你看看我的，我看看你的。

悠悠建议说："大米画得比较漂亮，我们就按大米画的来搭建吧。"

贝贝反驳道："可是他都没有把漂亮的塔画进去，这里应该还有停车场、凉亭。"

老师提示说："大米的设计图确实非常干净、漂亮，但我们也可以把三个人的想法整合在一起，合作完成一幅大的啊。"

三个小朋友兴奋地坐在一起，悠悠说："我画塔。"大米说："那凉亭谁画呀?""我来画吧。"贝贝说。

案例分析：

1. 从选择的建构内容来看，正逢春季来临之时，很多幼儿都有了去公园游玩的经验，并对此充满了兴趣，因此，此时以"春天的公园"为主题进行建构是切实可行的。

2. 幼儿知道开展游戏首先要有设计图，这是他们已经具备的经验。三名幼儿在搭建之前能互相协商，确定主题后能马上绘制设计图，说明他们在搭建之前已有一定的目的性、计划性。从设计图可以看到，三名幼儿对"春天的公园"有一定的认知和经验，知道当地公园中有草地、桥、塔、停车场、凉亭等，能有效地将生活经验与游戏相融合。

3. 单张设计图是单一的，但一经整合，幼儿之间便联动了起来，这加强了三名幼儿之间的合作交往，增加了幼儿之间创意思维的碰撞，设计图内容丰富起来了，建筑的位置也更加清晰明确了。这次成功的合作让幼儿获得了良好的体验，这种体验带给幼儿无穷的乐趣。

指导策略：

1. 重视幼儿生活经验的积累，引导幼儿有序观察，积累生活经验。

2. 幼儿的建构经验与生活经验的积累息息相关。大班幼儿对日常生活中见到的、有趣的、体验过的事物往往印象深刻，因此教师可以在平时有意识地引导幼儿按照一定的逻辑顺序来观察事物，在发展幼儿的观察能力的同时，将丰富的感性经验储藏在幼儿的头脑中，以此来支持幼儿的学习与建构。

3. 教师是幼儿学习的引导者和支持者。在建构区活动中，教师要以参与者的身份加入游戏之中，以幼儿为主体，充分发挥幼儿的主观能动性，通过询问，耐心倾听幼儿的想法，在给予肯定的同时进行适当的引导，让幼儿自己解决问题，从而使幼儿的思维向更加开阔的方向发展。

（案例提供：吴江区七都幼儿园　杨雨馨）

活动环节案例

案例描述：

悠悠、大米、贝贝来到建筑工地后，悠悠说："不如我们先来搭建公园里的塔吧。"大米说："好的，我来帮你拿材料，你需要什么材料？""我需要一些纸盒，这样搭在下面比较稳固。"悠悠回答道。大米转身便去搬运材料了。贝贝见悠悠将纸盒一个接一个围成了一个正方形，又拿了长木板往上铺，便对悠悠说道："塔有八个角，你这样好像不对。""明明就是这样的呀！"悠悠争辩道。拿材料回来的大米听到了他们的对话，忙劝解道："好了，你们别吵了，不如我去问问老师吧。"老师给了大米两张不同角度的塔的图片，大米拿到后数了一下："1、2、3……好像真的是八个角呀，我们弄错啦。"大米拿着图片匆忙跑回去。悠悠拿到图片后也数了起来，在确认了是八个角后说："那我们再加四个纸盒吧，可是我们的楼板只有长方形的呀。""我有办法。"贝贝说着转身又去拿了几块长木板过来。"把一些小的积木堆在大的上面，这样就保持平稳啦。"贝贝得意地说。在一次次的调整中，他们终于把塔的第一层搭好了。

案例分析：

1. 悠悠对公园里塔的造型特别感兴趣，能主动提议大家搭建，也得到了同伴的支持，但对塔的结构特点没有细致的了解。贝贝发现问题后，敢于提出自己的疑问。大米则在大家有争议的情况下，主动寻求教师的帮助，以此来打消大家的疑虑。

2. 教师提供的图片起到了很好的作用，但图片是平面的，对于幼儿来说，将平面的造型想象成立体的造型并搭建出来是比较困难的，特别是在没有八边形楼板提供的情况下，需要幼儿具有丰富的想象力和创造力。幼儿在经历一次次尝试失败后完成了塔的第一层，较好地表现了塔身造型特点。

3. 在整个活动过程中，幼儿遇到了很多问题，但教师始终没有进行直接干预，而是提供适当的支持，幼儿商讨合作、探索思考，表现出较好的合作能力。

指导策略：

1. 恰当、适时的介入让幼儿始终充满积极性和能动性。在搭建过程中，幼儿始终保持着浓厚的兴趣和较高的积极性，当幼儿出现问题时，教师通过提供图片进行隐性指导，而不是直接告诉幼儿答案，以培养幼儿分析与解决问题的能力。整个过程都以幼儿为主体，真正做到了"幼儿在前，教师在后"，发挥了幼儿的主观能动性，幼儿在不断动手动脑中，培养了与他人商量、合作的良好品质，并体验到了成功的快乐。

2. 在建构活动中提高幼儿的数学能力。在搭建过程中，幼儿在多方面迁移和运用了"形""数""量"等数学知识，可见建构活动与数学活动相辅相成，因此在建构活动中教师有必要关注幼儿数学经验的运用和数学能力的发展。

（案例提供：吴江区七都幼儿园　杨雨馨）

整理环节案例

案例描述：

随着音乐响起，沉浸在搭建中的悠悠最先反应过来，随即便提醒同伴说："音乐响了，我们该整理了。"贝贝说："那我们赶紧把积木整理一下吧。"

"这个放哪里？"大米问道。"这个放那边。"贝贝回答道。……三个小朋友急急忙忙收拾着，大米捡起一个纸杯放进纸杯篮里，贝贝也捡起一个纸杯放进纸杯篮里，悠悠捡起纸杯一个一个叠起来后再放进纸杯篮里。

"里面还有小积木。"贝贝提醒道。大米刚要跨过去，只听见"哗啦啦"一声，他不小心将公园一侧的大门碰倒了。

"门被碰倒了，我来帮你搭一下吧。"悠悠见状连忙说着走过去。"好的，谢谢你。"大米连忙道谢，然后重新搭了起来，贝贝也过来帮忙了。

"好了，好了，我们继续整理吧。"三个小朋友齐声说道，再次热火朝天地整理起建构区，最后开心地走了出来。

案例分析：

1. 活动结束时，幼儿的整理有些匆忙，散落在地上的积木较多。幼儿在玩积木的过程中，发现积木用不着后，没有将积木及时还回去，而是将积木随意放在地上，给最后的整理工作增添了负担。

2. 三名幼儿在整理时依旧互相配合，遇到问题时，互帮互助，共同解决问题，整个整理过程都保持着互相理解、愉快合作的氛围。

指导策略：

1. 经验迁移，提升幼儿自主解决问题的能力。教师要通过引导幼儿讲述整理时出现的问题，挖掘现象背后隐藏的教育价值，丰富幼儿的生活经验，帮助幼儿梳理和运用经验，将生活经验与建构区活动有机结合，从而进一步提升幼儿自主解决问题的能力。

2. 情境激励，促进幼儿整理能力的提升。教师不能单纯追求建构技能的指导，而是要把兴趣、能力、品质、习惯等全方位的指导内容渗透到整个游戏过程中：既要有兴趣的激发，也要有创造力的迸发；既要有发现问题、解决问题等能力的锻炼，也要有爱护、整理材料等良好习惯的养成。教师可以通过一些整理小比赛，让幼儿观察模仿，从而提升幼儿的整理能力，使幼儿得到全面协调发展。

（案例提供：吴江区七都幼儿园　杨雨馨）

第七章 自然联结 融合共生

——建构区活动与其他活动融合

内容简介

建构区活动充满乐趣，在此基础上，教师要引导幼儿积极思考，把建构区活动与主题活动、生活活动、户外活动、教学活动等有机融合，合力促进幼儿的成长与发展，共同支持幼儿的学习。本章介绍了建构区活动与其他活动融合的原则、注意事项及相应的策略。

思维导图

- 建构区活动与其他活动融合
  - 建构区活动与主题活动融合
    - 建构区活动与主题活动融合的原则
    - 建构区活动与主题活动融合的注意事项
    - 建构区活动与主题活动融合的策略
    - 建构区活动与主题活动融合案例
  - 建构区活动与生活活动融合
    - 建构区活动与生活活动融合的原则
    - 建构区活动与生活活动融合的注意事项
    - 建构区活动与生活活动融合的策略
    - 建构区活动与生活活动融合案例
  - 建构区活动与户外活动融合
    - 建构区活动与户外活动融合的原则
    - 建构区活动与户外活动融合的注意事项
    - 建构区活动与户外活动融合的策略
    - 建构区活动与户外活动融合案例
  - 建构区活动与教学活动融合
    - 建构区活动与教学活动融合的原则
    - 建构区活动与教学活动融合的注意事项
    - 建构区活动与教学活动融合的策略
    - 建构区活动与教学活动融合案例

第一节　建构区活动与主题活动融合

一、建构区活动与主题活动融合的原则

建构区活动是幼儿根据自己的兴趣、经验和需要来选择材料，进行独自或合作游戏，这样的活动内容大多是零散的、随意的。因此，将建构区活动与主题活动融合，可以实现建构区活动内容从零散随意到有效规划的转变。主题下的建构区活动既要根据主题活动的特点和要求，体现目标性、关联性、过程性，又要根据幼儿发展的关键经验，坚持预设与生成并重的原则，设计不同的活动内容，满足幼儿的发展需求。

（一）情境性原则

幼儿在建构区活动时，往往嬉戏性较强，这时在建构区创设能够吸引幼儿进行游戏的情境显得尤为重要，教师可以用新颖的游戏情境充分吸引幼儿的注意力，利用幼儿的好奇心来吸引其进行建构游戏。比如，在“我上幼儿园”主题活动中，教师在建构区创设“比比谁最高”的游戏情境，投放自制小动物、大树图片、纸砖、泡沫积木等材料，供小班幼儿进行单人垒高游戏或进行两人垒高比赛。

（二）支持性原则

中班幼儿已具有一定的建构水平，建构目的逐渐明确，已经能运用已有经验对物体进行再现和创作。这时就需要教师及时给予幼儿支持和帮助，让幼儿在体验中学习。比如，在“春天的聚会”主题活动中，幼儿对幼儿园内的花坛非常感兴趣，这时教师可以引导幼儿在建构区中进行搭建花坛的游戏。

（三）目的性原则

在小班建构经验的基础上，应引导幼儿学习架空、覆盖、桥式和塔式等建构技能，形成里外空间的概念。教师可以根据明确的主题，引导幼儿在活动开始前做好主题协商和计划。比如，在主题活动“我的家乡在七都”中，通过参观附近的吴溇老街改造，在教师的引导下，幼儿决定尝试搭建老街上的房子、桥和亭子等，建构内容越来越丰富，越来越精彩。

（四）创造性原则

根据主题需要，有目的地投放辅助材料，让其成为建构游戏的“宝”，鼓励幼儿积极发挥想象力，自主选择所需要的建构材料，富有创造性地表现建构物体。

二、建构区活动与主题活动融合的注意事项

建构区活动与主题活动融合的过程中，应以幼儿为中心，多维度优化活动开展，促进幼儿全面发展。

（一）兴趣引领，畅享建构之乐

紧密结合幼儿的兴趣点开展建构区活动至关重要。就像在“我的家乡在七都”主题下，教师可以充分挖掘幼儿对家乡元素的好奇心，巧妙引导其聚焦于“桥”的建构。无论是简约质朴的平板桥，还是造型优美的拱形桥，抑或是充满现代感的斜拉桥、高架桥，都能成为幼儿手中的创意结晶。如此一来，幼儿便能深度沉浸在建构过程中，尽情释放想象力与创造力，收获满满的快乐与成就感。

（二）因材施教，贴近发展前沿

充分考虑不同年龄段与能力层次幼儿的认知结构差异是建构区活动成功的关键。

在“双塔”主题建构活动中，对于认知水平较低、动手能力较弱的幼儿，教师可以引导幼儿选用小块清水积木，运用平铺、垒高等基本技能逐步搭建出“塔”的雏形；而对于认知水平较高、动手能力较强的幼儿，教师可以引导幼儿选用大块泡沫砖，运用围合、架空等复杂技能搭建出更为稳固且富有层次感的“塔”。这种因人而异的引导方式，能让每个幼儿在建构区活动中都有所收获，使幼儿的学习始终处于最近发展区，从而逐步提升幼儿的建构能力与认知水平。

（三）自主探索，培育个性之花

在建构区墙面上设置主题建构作品图片展示区，是激发幼儿自主学习与个性发展的有效策略。以“高架桥”主题建构活动为例，幼儿通过仔细观察展示图片，能够自主分析高架桥的结构特点与造型要素，进而在实际搭建中大胆创新。有的幼儿能构思出“单层高架桥”的简洁设计，有的幼儿则会挑战“多层高架桥”的复杂架构，也有的幼儿能发挥奇思妙想搭建出“螺旋高架桥”。这样的自主探索过程，不仅能深化幼儿对主题的理解与建构技能的掌握，更能充分彰显幼儿的个性，为幼儿未来的学习与生活奠定坚实的创新思维基础。

三、建构区活动与主题活动融合的策略

主题活动以一个话题为中心进行延伸和扩展，从而形成更多的话题和活动。主题活动更具系统性，贴近幼儿的日常生活，将建构区活动与主题活动融合时，要注意使其教育功能充分发挥出来。

（一）知识润建构，感性启创意

在建构区活动中，教师在引导幼儿把握建构物体的基本结构时，要注重增添感性认知元素。比如，在“我的家乡在七都”主题下，教师可以鼓励幼儿分享旅行或生活中所见的桥，以拓宽其他幼儿的视野；在“春天的聚会”主题下，教师可以让幼儿借助于春游的照片描述花坛，使幼儿对花坛这一建构对象有更鲜活的印象，从而丰富幼儿的知识储备，为建构区活动筑牢基础。

（二）小班筑基础，大班展多元

依据不同年龄段幼儿的特质，设计阶梯式建构技能提升路径。比如，在“双塔”主题下，教师可以引导小班幼儿在搭建“双塔”时运用平铺、垒高等技能，中班幼儿在此基础上融入围合、架空等技能，大班幼儿则运用更多元、更复杂的技能。这种遵循幼儿身心发展规律，逐步提升幼儿建构技能的方法，可以让每个年龄段幼儿在建构区活动中都能获得适宜的成长。

（三）教师巧引导，问题破僵局

1. 平行介入，启发创新

教师可以以游戏者的身份参与到幼儿的建构游戏中。比如，幼儿搭建“花坛”时缺“花朵”，教师可以投放雪花片并引导其自行创作，这样既能丰富游戏内容，又能巧妙地提升幼儿的建构技能，激发幼儿的创新思维，推动建构游戏的深入与丰富。

2. 问题引领，突破瓶颈

当幼儿的建构水平停滞不前时，教师可以用追问策略助力其取得突破。比如，小班幼儿在搭建“高楼”时仅会垒高，教师就可以通过提问，如“高楼屋顶的形状是怎样的”“高楼上还有什么”等，引导幼儿思考与拓展，从简单垒高迈向多元建构，逐步提高建构复杂性与精致度。

3. 图示引思路，同伴共成长

（1）图示辅助，自主学习。

在建构区墙面上展示基本搭建方法图示，如不同结构形状的桥的图片。幼儿在搭建“桥”时，可依图示自主探索与尝试，将抽象的建构知识具象化，从而有效提高建构效率与质量，培养自主学习与解决问题的能力。

（2）同伴合作，经验共享。

针对中大班幼儿，引导其在建构前与同伴协商建构内容、制订建构计划。通过合作交流，幼儿能分享各自的经验与见解，相互启发学习，丰富建构思路，培养团队协作与沟通能力，让建构过程充满创意与活力。

4. 评价尊差异，观察探童心

（1）客观评价，尊重差异。

教师要充分认识幼儿的个体差异，针对不同建构水平的幼儿给予适配的评价。教师要摒弃单一的评价标准，尊重每个幼儿的建构成果与努力，以鼓励性评价激发幼儿的建构热情与自信心，促进幼儿持续进步。

（2）聚焦观察，理解内心。

在建构区活动中，教师要化身为敏锐的观察者与耐心的倾听者，实时记录幼儿的表现与反应，借此深入洞悉幼儿的建构思维过程、兴趣偏好与发展需求，为个性化指导、课程优化提供有力依据，真正实现以观察促教育，以理解助成长。

四、建构区活动与主题活动融合案例

案例一：双塔（中班）

案例描述：

主题活动“我的家乡在七都”正在火热进行中，孩子们实地参观了七都的标志性建筑双塔后，在建构区自发开展了搭建“双塔”的游戏。

梓淇将建构区里的小长方形木条一层层慢慢垒高堆成“双塔”后，招呼“游客”过来参观。孩子们听到梓淇这个建筑设计师兼导游的招呼后，来到建构区参观“双塔”。毅毅在边上说：“我看到的双塔是尖尖的，不是这样的。”说完，毅毅就拿起了建构区里的长方形盒子，在空地上搭了起来。他先用盒子围成一个小圈，然后到第二层的时候把盒子放在第一层的两个盒子中间，慢慢地一层一层往上就形成了锥形。梓淇说：“你搭的这个真像我看到的那个尖尖的双塔呀，你快教教我怎么搭的呀！”说完，梓淇拉着毅毅找了空的地方又开始研究起来……

梓淇搭建“双塔”

毅毅搭建“双塔”

案例分析：

从搭建“双塔”的活动中可以看出，梓淇一开始就确定了建构目标。在建构过程中，毅毅对梓淇的“双塔”并不是那么满意，于是他主动地在一旁搭建自己的“双塔”，说明毅毅很有自己的想法，有很强的自主性。在之后的合作建构中，梓淇和毅毅两个人能够相互配合，协作完成建构作品。

（案例提供：吴江区七都幼儿园　陈月利）

案例二：我看到的房子（中班）

案例描述：

乐乐、依依和桃桃三个小朋友来到建构区。依依说：“昨天秋游的时候，我看到路边有一幢很漂亮的房子，我想搭一幢房子。”乐乐说：“你看到的房子是怎么样的呢？”依依说：“我画给你看。”说完，三个小朋友来到桌子边，依依拿起纸和笔开始画起来，一边画一边介绍道：“这里是一个很大的院子，里面有很多很多漂亮的花，房子的楼梯是在外面的，高高的屋顶像城堡一样……”画完后，三个小朋友便开始行动起来。

桃桃说：“我们这个院子里是不是要种花啊？”乐乐说：“那没有花怎么办呢？”依依说：“我们可以画呀，还能用轻黏土做。”桃桃说：“对对对，那我去做花。”说完，就跑到桌子边，画了一些小花，然后动作娴熟地用剪刀剪了下来。乐乐拿了一个卷纸芯跑过来说：“把小花贴在这棵树上。”接着，乐乐把贴了小花的卷纸芯放在了院子里。依依说：“这些花跟我看到的一样漂亮，我们赶紧再做一些吧。”

依依在画看到的房子

依依和桃桃在画花

案例分析：

在进行主题活动“丰收的秋天”时，教师组织幼儿开展了一次秋游活动。在活动一开始，依依就提出要搭建一幢秋游时看到的房子，说明依依在秋游时能注意观察自己感兴趣的事物，并把自己观察到的融入建构区活动之中。在建构过程中，三名幼儿发现没有花来点缀院子的时候，依依提出了自己画花和用轻黏土做花的想法，说明在遇到困难时，依依已经有了主动解决问题的勇气。

（案例提供：吴江区七都幼儿园　陈月利）

第二节　建构区活动与生活活动融合

陶行知先生在《生活即教育》中提出，生活教育是供给人生需要的教育，包括康健的教育、劳动的教育、科学的教育、艺术的教育、改造社会的教育等，造就

“心、脑、手并用”的“整个的人”。这恰恰与建构区活动促进幼儿各方面发展不谋而合。建构区活动不仅能开发幼儿的动手能力和建构技能，丰富幼儿的主观体验，还能使幼儿在协商、交换的游戏氛围中学会分享和合作。在进行建构游戏的过程中，幼儿对生活的观察、发现、想象都会在建构中创造性地体现，生活中看似平常的事物可能是幼儿最熟悉的事物，要让幼儿通过观察了解其特征并自愿主动地模仿搭建。

一、建构区活动与生活活动融合的原则

（一）生活化原则

对于建构游戏零基础的小班幼儿而言，游戏的目的并非最后搭建出物体，而是体验建构过程。在这个过程中，幼儿自发、自主、自由地进行搭建，自在地与同伴交流、协商、沟通搭建想法，分工合作进行搭建。自由放松的状态使他们能够充分发挥自己的想象力与创造力，让自己的思维在小小的建构区畅游，从而体验到建构区活动带来的喜悦、自信、满足感及成就感。

（二）趣味性原则

根据幼儿的年龄特点，趣味十足的建构区活动能够激发幼儿的兴趣和空间想象力，调动幼儿的游戏积极性。此外，材料的收纳和摆放应尊重幼儿的身心发展规律，使其按照自身意愿进行建构游戏。

（三）丰富性原则

为了满足幼儿的操作需要，教师应为幼儿提供数量充足、形式和功能多样的建构材料，提供独自游戏与合作游戏的可持续性材料。

二、建构区活动与生活活动融合的注意事项

（一）注意物质环境的优化

教师不断地优化物质环境的创设，较好地拓展建构空间、提高建构材料的使用率，能激发幼儿持续建构的兴趣，达到提升幼儿建构能力的目的。

（二）注意心理环境的优化

创设平等、宽松、和谐的心理环境能引导幼儿自主选择材料、玩伴和场地，并能使其愉悦地参与到建构游戏中。例如，有些幼儿比较好动，让他们静下心来搭建有些困难。对此，教师可以利用温馨的“娃娃家”场景，让幼儿建构家里常用的物品，如餐具、桌椅、电视机、洗衣机等，以激发他们玩弄建构材料的兴趣。教师要为幼儿营造轻松和谐的心理环境，促进幼儿合作行为的自然出现，帮助幼儿增强交往策略意识，发展亲社会行为。

（三）关注幼儿构建水平的差异性

由于不同的幼儿身心特点和已有的建构经验不同，教师应注重个体差异，对幼儿在活动过程中产生的困难及时给予指导和帮助。教师应准确定位自己，为游戏的顺利实施提供保障。

三、建构区活动与生活活动融合的策略

（一）有效互动，提高游戏趣味性

小班幼儿初次接触建构区，他们用小手摆弄着积木，感受着积木的质感，随意地进行堆放，慢慢地，他们意识到有些积木的体积大，将大的积木放在下面进行垒高，这样更稳固……渐渐地，幼儿在探索中掌握了一些最基本的建构技能，开启了对空间结构认知、想象的大门。这个时候，教师要充分发挥建构区活动的独特价值，给予幼儿极大的自由，让幼儿自由地选择搭建什么、和谁一起搭建、怎么进行搭建、使用哪种搭建方法，自主地与同伴讨论和分享搭建过程中的趣事及遇到的困难和挫折，使幼儿的兴趣得到充分满足。到了大班，幼儿自主创新能力的发展和与同伴的交往合作具有很大的挑战性与丰富性，教师可以鼓励幼儿在建构区活动开始之前进行互动，讨论要搭建的主题和使用的材料，让他们把智慧聚集起来，在共同搭建的过程中，提升综合能力和自主创新能力，体验构建的趣味性。

（二）丰富生活经验，满足个性需求

幼儿的年龄特点、需求与生活经验是他们进行游戏的基础。幼儿通常会搭建他们在生活中见过的建筑物，为了丰富幼儿的建构经验，教师可以带领幼儿参观各种建筑造型。例如，教师可以引导幼儿从生活中能够接触到的事物开始观察，在散步时与小朋友们讨论幼儿园及周围建筑物的特征。在小班建构区活动中，相较于建构技能的习得，幼儿创造的热情才是更值得被珍视与呵护的，他们会按照自己的行为方式、自己的成长逻辑进行游戏，享受游戏所带来的乐趣。教师的“现场站位”要靠后，再靠后，让幼儿在搭建过程中体会自由，能够完全按照自己的想法进行。同时，教师可以通过观察和评估来了解幼儿的建构水平与发展状况。

（三）补充感性经验，发展自主创新能力

幼儿完成的建构作品来自实际生活中非常熟悉的事物及积累的有关经验。幼儿只有对身边建筑物的结构、色彩、形状、材质等多方面有了清晰有效的认知后，才可能在参与建构区活动的过程中创作出更加优秀和丰富的作品。因此，要发展幼儿的自主创新能力，首先要帮助幼儿增强对周围事物的认知，加深印象和理解。教师可以在日常活动过程中让幼儿对幼儿园的大门、操场、围墙、教室等进行观察。条

件允许的话，教师可以带幼儿去外面参观，了解公园、博物馆等场所，帮助幼儿积累更多的感性经验和生活体验，加深幼儿的印象，促使幼儿在建构区的各项活动中进行自主创新表达。

四、建构区活动与生活活动融合案例

案例一：烧烤店（大班）

案例描述：

恒恒和萱萱在建构区进行建构游戏，恒恒找来几根长长的碳化积木叠放在两边，萱萱在恒恒叠好后对比了一下，找来了较细的积木架在恒恒的粗积木上。老师问："这是什么？"恒恒回答："这是烧烤架，你想吃什么，我都可以给你烤。"说完，他便静静地看着老师。于是，老师说："来个肉串？"萱萱便从小吃店拿来了"肉串"，恒恒开始烤"肉串"，他一只手翻转着"肉串"，另一只手假装撒上佐料，边撒边告诉老师："这是椒盐。"

恒恒在完善烧烤架

萱萱正搭凳子

恒恒和萱萱一起搭凳子

案例分析：

恒恒和萱萱在建构游戏中不仅展现了良好的合作精神，还展现了丰富的想象力和创造力。他们能够利用碳化积木搭建出烧烤架，并进行角色扮演，模拟烧烤的场景。教师通过提问"这是什么"，激发了幼儿的思考和表达，并通过参与角色扮演，进一步促进了幼儿游戏情节的发展。

（案例提供：吴江区七都幼儿园　曹青）

案例二：美丽的小区（大班）

案例描述：

今天，有三个小朋友来到建构区。彦彦说："我要全部用瓶子搭，我还没有试过呢。"一一说："我也是，我也要先用瓶子搭，我要搭成圆圆的围墙，当作我家花园的围墙。"芯芯说："好吧，那我们自己搭自己的吧。"说完便去拿了一篮积木，准备混合在瓶子中。一一和彦彦都在用瓶子搭建，彦彦问一一：“你准备搭什么?”一一说：“我要搭花园的围墙，和我家的一样，是圆的。”彦彦思考着说：“那我搭什么呢?”一一给他建议说：“你搭一口井吧，也是圆的，我家也有。”彦彦想了想说：“那好吧，我老家也有的。”两个小朋友商量好后，便开始用瓶子搭起自己的围墙和井了。芯芯也在认真地进行着自己的搭建，她将积木和瓶子进行了结合，色彩很丰富。三个小朋友都初步搭好了自己的作品，一一说：“我搭的是花园的围墙，不过我搭得比较低，我家的围墙很高的。”彦彦说：“我搭的是一口井，我老家也有的。”一一说：“我家也有，你可以把你的井放到我的围墙里来。”彦彦挪了挪自己的井，说道：“我的井好像太大了，放不进你的围墙里。”说完两个小朋友都笑了。芯芯说：“我就是想到什么，搭什么的，它什么都不是。”说完自己也笑了。于是，三名幼儿决定合作在围墙里重新搭建一口井。

三名幼儿在搭建一口井

三名幼儿在修缮井口

案例分析：

一一是比较有想法的幼儿，来到建构区后是有目的地进行搭建的，在小伙伴彦彦不知道自己想搭建什么的时候，愿意将自己的想法分享给彦彦，供他参考，能够给出自己的建议。彦彦也愿意去尝试，能够倾听和接受别人的意见。而芯芯坚持自己的想法，将积木和瓶子结合，很有创意。在最后的合作中，三名幼儿能够有商有量，合作完成作品。

（案例提供：吴江区七都幼儿园　曹青）

案例三：城堡（大班）

案例描述：

游戏一开始，奕奕、添添和嘉嘉三个小朋友约好一起玩。奕奕拿出自己的计划书说：“你们看我画的计划书，今天我们搭一座城堡吧，它是我们的家。”另外两个小朋友表示同意，于是奕奕在建构区中找了一个比较宽敞的地方，三个小朋友拿来彩色纸砖开始有序地搭建起来。过了一会，城堡已经初具雏形，奕奕说："添添，你看，我搭了一扇超级大的门。我放在这里，我们就从这里进去。"添添回答道："我也搭了一扇门，你看，但是我的比较小，每次只能进一个人!"嘉嘉也不甘示弱，一层一层地垒高。添添在奕奕搭建的基础上，将三角形纸砖搭在上面。慢慢地，一座城堡就这样完成了！过了一会，奕奕拿来了很多纸杯，从拱形积木中穿过去，说这里是下水道，孩子们看着自己的作品，满意极了。

添添在搭建外墙

奕奕在搭建大门

幼儿一起完善城堡

案例分析：

在建构过程中，幼儿的主观能动性得到充分尊重，他们会很自然地运用自己的生活经验，将各种建构材料搭建成他们游戏中所需要的东西，或者直接将建构材料假设成其他的东西，以便运用到自己的游戏中。事实上，不难发现，在建构游戏中，教师干预得越少，幼儿创作的作品及模拟的情境越让人觉得惊喜。

（案例提供：吴江区七都幼儿园　曹青）

第三节　建构区活动与户外活动融合

一、建构区活动与户外活动融合的原则

户外活动是幼儿园教育教学的重要组成部分，将建构区活动与户外活动融合，可以将幼儿在户外活动中根据自己的体验获得的知识和技能运用到建构区活动中，更能激发幼儿的建构兴趣，提升幼儿的建构能力。同时，将建构区活动与户外活动融合时，教师要注意把握以下原则。

（一）趣味性原则

户外活动可以让幼儿充分感受到快乐，将建构区活动与户外活动融合时，教师

要遵循各年龄段幼儿的身心发展规律和学习特点，努力使建构区活动游戏化、趣味化。

（二）安全性原则

将建构区活动与户外活动融合时，教师要保证幼儿在轻松自由的状态下进行活动，但这必须以安全为前提。

（三）目标性原则

将建构区活动与户外活动融合时，教师要平衡幼儿的经验，尽可能规避经验缺失的问题，让幼儿在不同水平上实现个性化发展。

（四）动态性原则

将建构区活动与户外活动融合时，活动内容的选择应遵循预设与生成相互融合的原则，根据幼儿户外活动的情况及幼儿的经验、兴趣、需要等，及时有效地对建构区活动计划进行适当的调整和优化。

二、建构区活动与户外活动融合的注意事项

（一）建立规则，培养幼儿行为习惯

规则是安全有序活动的基础和保障。将建构区活动与户外活动融合时，必须以安全为前提，而规则意识的树立是户外活动得以有效开展的重中之重。为了使幼儿从理解规则、遵守规则到养成行为习惯、督促他人学习规则，最后成为规则的小主人，教师应在平常的一日活动中不断提醒幼儿，在生活的点滴中渗透规则。

（二）循序渐进，逐步增加游戏难度

教师要善于观察，了解幼儿，熟悉适宜各年龄段幼儿的活动材料，恰当组织与指导，充分发挥幼儿的主体能动性。将建构区活动与户外活动融合时，教师既要逐步增加游戏难度，也要关注幼儿的个体差异，满足不同层次幼儿的需要，只有这样才能更好地激发幼儿的积极性，让幼儿获得成就感。

（三）结合图示，进行多元指导

将建构区活动与户外活动融合时，教师要适时运用图示，引导幼儿有目的地观察、分析、比较，从而掌握建构技能、分享建构经验，并对幼儿进行科学的可持续性评价。

（四）营造开放式建构环境

教师要营造开放式建构环境，多尝试提问、讨论等形式，促进幼儿养成积极的思维方式，提升幼儿解决问题的能力。

（五）了解幼儿建构技能与水平，实施正确指导

幼儿无论从什么时候开始接触建构游戏，一般都会遵循建构技能的发展规律，但对于同一年龄段的幼儿来说，其已有经验不同，个体差异也比较大，所以教师首先要了解幼儿当前的建构技能与水平，以形成正确的评价，实施正确的指导。

三、建构区活动与户外活动融合的策略

（一）一物多用，鼓励积极创新玩法

建构区材料是有限的，为了满足所有幼儿的活动需求，教师可以发动家长和幼儿一起收集废旧材料，丰富建构区材料的种类，同时鼓励幼儿在游戏的过程中积极探索，发现一种材料的多种玩法。教师要注意观察，发现幼儿与众不同的玩法，引导幼儿模仿他人的玩法，丰富自己的游戏内容，使幼儿保持较浓厚的游戏兴趣，促进幼儿不同建构技能的发展。

（二）因时制宜，充分利用自然环境

幼儿的学习是以直接经验为基础，在游戏和日常生活中进行的。因此，教师必须尊重幼儿好动、好奇、爱玩等特点，科学指导建构区活动与户外活动的融合，适时地融入教育元素，为幼儿的全面发展奠定基础。

（三）引导幼儿多渠道观察建构对象

教师要引导幼儿通过对实际建筑物、周围环境的细心观察，储备丰富的感性经验，熟悉各类建构对象，以更好地开展建构游戏。

（四）指导幼儿学习掌握基本建构技能

教师要在充分观察和了解幼儿技能与水平的基础上，遵循幼儿的年龄特点，循序渐进地指导幼儿学习基本建构技能，在幼儿通过反复练习掌握后，鼓励其探索材料的多种玩法。

（五）引导幼儿对问题进行探索，分享与积累游戏经验

教师是幼儿学习过程中重要的合作者、支持者和引导者。教师要在观察和了解幼儿的基础上，正确解读幼儿行为背后的原因，引导幼儿对问题进行探索，通过小组讨论、集体交流、材料收集等方式帮助幼儿积累游戏经验。

（六）引导幼儿在自由探索中掌握建构游戏的方法和技能

在建构游戏中，幼儿是在感性认识的基础上，借助于一定的方法和技能，将自己对生活的观察创造性地再现出来的。方法和技能是建构游戏的关键，教师要由浅入深、循序渐进地引导幼儿掌握。

四、建构区活动与户外活动融合案例

案例一：花坛（中班）

案例描述：

阳阳和嘟嘟有模有样地拿起抹刀舀了一刀水泥抹在地上，然后小心翼翼地拿起一块砖贴在了水泥上，还不忘用抹刀敲一敲，再抹水泥，再贴砖，不到半天工夫，两个小朋友就砌好了花坛的一堵墙，可浩宇在帮他们搬砖的时候不小心碰到了墙，墙也随之倒塌了。于是，孩子们开始讨论：墙为什么会倒塌？有的说是水泥少了，有的说是砖块少了，还有的说是砖块排列的方式不对。为了验证孩子们的猜想——墙倒塌的真正原因，老师带着他们再次来到工人叔叔砌砖的地方，观察了砖块排列的方式。

嘟嘟在砌墙

墙倒塌了

阳阳重新砌墙

观察中，孩子们发现这些砖块间的缝是不对齐的，上下砖块错缝搭接，才能使墙体更坚固、稳定。回到教室后，孩子们对墙体再次进行了讨论，并画了下来。

案例分析：

幼儿的初体验还在一个简单、浅显的层面，这恰恰契合了他们对砌墙的探索及尝试，是成长的必经过程。在这个过程中，教师的态度很重要，教师首先要认真倾听和了解幼儿的想法，然后鼓励和支持幼儿找出墙倒塌的原因，给予幼儿充分探索的时间与空间，在游戏中耐心观察幼儿的一举一动，真正读懂、看懂幼儿的行为。

（案例提供：吴江区七都幼儿园　沈喜红）

案例二：砌墙（中班）

案例描述：

孩子们戴上了小手套，来到“湖畔人家”开始了自己的游戏。“我们来搭围墙吧！”亦扬对着一旁的浩轩说。“好呀！”浩轩点头回答道。接着两个小朋友一起去墙边搬砖块，找了一块空的地方开始搭建。亦扬在平铺最底层，浩轩则负责垒高。过了一会儿，亦扬看了一眼浩轩，走过去对他说："浩轩，你这样不对，你看我都是一块一块分开的，你也要一块一块分开。"说完把浩轩垒在一起的砖块拿下来，重新摆放。摆完后，他自言自语道："这样搭才好看！"接着浩轩照着他的样子摆了摆，发现有的空隙比较大，他就又将砖块堆到了一起。"这样还是不对！你去帮我搬砖吧！我来搭！"亦扬对浩轩说。"好吧！"浩轩说完就搬砖去了。直到游戏结束，两个小朋友还在搭他们的围墙……

分工搭建

合作搭建

案例分析：

在户外建构游戏中，教师让能力强的幼儿帮助能力弱的幼儿去尝试镂空堆高，使幼儿在实践中发现问题，从而进一步提升幼儿的建构技能。教师也可以让幼儿积累使用材料的经验，帮助幼儿认识、了解材料特征。同时，教师应该及时地引导幼儿进行合作，鼓励幼儿通过与同伴协作来促进合作能力的发展。

（案例提供：吴江区七都幼儿园　戴跃琴）

第四节　建构区活动与教学活动融合

一、建构区活动与教学活动融合的原则

（一）趣味性原则

有趣的材料能激发幼儿主动学习的兴趣，在操作有趣的材料过程中，幼儿能感受材料的动态变化，建构出心中设想的事物，能保持探究的持久性。所以，投放的材料要符合幼儿"玩中学"的特点，减轻幼儿的压力，让幼儿变被动学习为主动学习。

（二）操作性原则

幼儿喜欢玩弄材料，教师所提供的材料最好是能让幼儿动手做一做、摆一摆，再配以说一说、画一画，这样有助于吸引幼儿主动地参与操作，激发幼儿的创造欲望，让幼儿的思维能力、动手能力及合作能力在操作中得到发展。在教学活动后，教师在选择和投放操作材料时，要在所要投放的材料与所要达成的目标之间，按照由浅入深、从易到难的要求，分出若干个能与幼儿认知发展相吻合的层次，投放难度不同的材料，满足幼儿个体操作和学习的需要，从而更好地实现教育目标。

（三）目的性原则

在建构区活动中，材料的投放是与所要达成的教育目标紧密相连的。材料投放的目的性是指教师在投放材料时，要对材料有清晰的认识和把握，并有针对性地选择，力求满足各年龄段幼儿的实际发展需要，鼓励幼儿动手、动脑，支持幼儿与活动环境积极互动。例如，大班幼儿能根据自己的兴趣爱好对客观事物进行动手操作和动脑思考，动手能力强，思维活跃。因此，教师在投放大班建构区材料时，要注重多样性和精密性，以满足大班幼儿的探究和自主发展需求。

二、建构区活动与教学活动融合的注意事项

（一）注意建构技能的支持性

幼儿主要通过两种途径获得建构技能：一种是在不断玩弄材料过程中去尝试发现并搭建出某种技能结构；另一种是在外部刺激的作用下，有针对性地搭建某种技能结构并获得成功。教师需要做的就是为幼儿提供必要的外部刺激，促进幼儿搭建某种技能结构的能力。

（二）注意内容选择的差异性

教师应根据幼儿的年龄特点与个体差异，在活动前适当地提出要求，根据教学活动设定合适的建构主题；在活动时进行指导，促进幼儿在建构区积极投入活动之中，减少非建构行为。

（三）注意材料提供的层次性

材料投放要符合幼儿的年龄特点，具有层次性、动态性。首先，幼儿具体形象思维发展迅速，具有强烈的创作欲望，因此教师要提供多种类型的材料。其次，为了避免建构区出现争抢材料的现象，同种类型的材料数量要充足。教师可以提供一些低结构材料，引导幼儿探索同一材料的不同玩法；还可以将低结构材料与高结构材料搭配使用，进一步促进幼儿想象力、创造力、操作能力的发展。建构水平的高低不仅与幼儿的建构技能有关，还与材料的结构有关，如材料是否能支撑幼儿建构

技能的发挥、材料是否能支撑幼儿的建构场景等。对于材料的选择与增减，教师可以多听听幼儿的想法，因为他们是材料的操作者，他们的想法基于对材料的反复运用，更有实践基础。

三、建构区活动与教学活动融合的策略

（一）结合教学活动创设游戏环境，增强游戏趣味性

各种游戏材料可以不断激发幼儿的好奇心和求知欲。在设定建构主题时，教师可以充分融合幼儿的想法，根据教学活动讨论建构主题，提高幼儿对游戏的参与度和兴趣。针对幼儿的身心发展规律和学习特点，教师可以用形象的图案、鲜艳的颜色和有趣的元素来制作教具，结合游戏材料吸引幼儿的注意力，激发幼儿的建构兴趣，在丰富幼儿社会经验的基础上，启发幼儿产生新的建构主题，培养幼儿游戏的独立性。

（二）结合对幼儿行为的观察，了解幼儿的心理需求

在建构区活动中，教师要把观察、关注和关心幼儿作为自己注意力的焦点。例如，教师要观察建构区活动的主题是否符合幼儿的兴趣；要通过实时、持续的观察，了解、掌握幼儿的现实处境和心理状态；要根据实际情况，在分析幼儿行为表现的基础上，快速、准确地解读幼儿行为的心理意图，及时察觉幼儿的心理活动，并根据不同的形成原因，采用不同的解决方式。

（三）评价要多给予肯定，轻结果

幼儿的建构作品没有好坏之分，幼儿在建构游戏中取得了一定的建构成果，往往希望得到他人的赞美、夸奖，与同伴分享成功的喜悦。教师要允许幼儿在自己已有经验的基础上，用自己的方式来表现。每个幼儿都是独特的，只要他们努力完成作品，教师就应给予积极肯定的评价，让幼儿对建构、对自己的作品充满信心。教师及时、有效、公正、公开的评价，会对幼儿起到激励作用，从而能有效提高游戏质量。教师还应设置幼儿互评环节，让幼儿在观察、比较、评价、学习他人的建构成果过程中吸取经验教训，最终提升幼儿的学习能力和创造能力。

四、建构区活动与教学活动融合案例

案例一：桥（中班）

案例描述：

在园本课程“家乡的桥”中，孩子们认识了很多七都的桥。又到了游戏时间，

凡凡依旧来到建构区进行游戏。这几天，凡凡已经在建构区搭建了很多不同的桥，他对老师说："老师，今天我还要搭不同的桥，之前我搭的彩色拱桥只有一个桥洞，今天我要搭有好几个桥洞的桥，而且今天我要搭小木桥。"说完就一溜烟跑开了。老师看他"占领"了清水积木的柜子，多多想要去拿，只听见凡凡说："今天这些积木被我承包了，都是我的，你去搭小积木去。"多多听了，没和凡凡说什么，便去拿纸砖了。凡凡抱了很多长方形清水积木放在空的地方后，便开始搭建了，过了一会儿，吸引来了添添，凡凡便邀请添添一起搭。小木桥搭好了，凡凡兴冲冲地跑到老师跟前说："老师，你快看我的小木桥。"老师走过去，看到了小木桥，凡凡热情地向老师介绍："这是一座有四个桥洞的小木桥……"看着凡凡脸上开心的表情，老师说道："你今天的小木桥果然很壮观，不过老师有个小问题，如果我开小汽车从这边下，会不会掉下去啊？"凡凡看了一眼说道："好吧，我再去想一想。"

凡凡在搭桥面

凡凡在挑选合适的积木

两名幼儿在扩建桥梁

案例分析：

凡凡对搭建桥的兴趣非常浓厚，经常可以看到他在建构区搭建桥并且和小朋友们分享自己的作品。今天他再一次有目的地来到建构区，想要搭建与之前不同的桥，可以看出凡凡对搭建是有要求的，并且表现出了很强的想象力和创造力，还能根据之前的经验进行改进。在完成桥的作品后，凡凡很愿意和教师、同伴分享，教师在看到凡凡的作品后，给予了肯定和表扬，增强了凡凡搭建的信心。

（案例提供：吴江区七都幼儿园　曹青）

案例二：搭高楼（中班）

案例描述：

在音乐活动"数高楼"结束后，兮兮、昕昕围在一起，准备搭建高楼，两人分工合作，一个搬砖，一个搭建，玩得不亦乐乎。兮兮和昕昕用长方形、三角形和拱形纸砖搭了一个垒了 2 层的造型。兮兮说："看，我们今天搭了一栋 2 层的楼房。"昕昕回答道："哈哈！我家也是 2 层。"兮兮说："我住在 5 楼，我要搭一栋 5 层的高楼。"说完又搭建起来。兮兮搭建好高楼后退后几步，一边围着高楼转圈，一边数着："1、2、3、4、5、6、7。"她开心地说道："我的高楼有7层。"孩子们便开始比赛，看谁搭的高楼又高又稳。

兮兮和昕昕商量再垒高一层

兮兮和昕昕一起数高楼的层数

案例分析：

1. 关注幼儿游戏的需要。建构游戏是一种创造性的游戏，是幼儿根据自己的生活经验，以想象为中心，主动、创造性地反映周围现实生活的游戏。因此，教师要关注幼儿游戏的需要，激发幼儿的构建兴趣。

2. 关注幼儿学习与发展的需要。幼儿在搭建高楼的过程中遇到了很多困难，如有关高楼的知识不够丰富、建构水平低下等，但教师并没有直接给予帮助，而是让他们欣赏各种高楼的图片、阅读相关的绘本来认识、了解、熟悉高楼，同时提出导向性的问题，运用集体讨论、共同构思的方法帮助幼儿一步步地解决难题。在"尝试搭建—发现问题—猜测预设—解决问题"的过程中，幼儿解决问题的能力得到了很大提升，"工匠精神"在游戏中逐步彰显。

3. 关注幼儿情感的需要。教师及时肯定了幼儿的创意和想法，从多个方面支持他们的游戏，从而使他们心中的建构呈现出来。在一次次思维的碰撞和实践中，幼儿完成了建构作品，获得了成就感。

（案例提供：吴江区七都幼儿园　曹青）

案例三：动物园（大班）

案例描述：

教学活动"动物的家"结束后，琳琳兴奋地说道："今天，我要在建构区搭建动物园。"有两个小朋友已经在用彩色纸砖搭建了，搭了一半后，欣然看了看游戏计划书说："我去的动物园是一间一间的，老虎住在一个很大的玻璃房里。"梓恒说："我上次去的动物园，老虎没有在玻璃房里呀，是在一个很大的地方，还有假山，它还躺在石头上睡觉呢。"欣然看着梓恒，想了想问道："那它们和其他动物在一起吗?”梓恒说：“没有呀，我看到的是三只老虎在一起。”欣然接着说：“那它们就是同类住在一起。”梓恒点了点头。欣然拿来几块彩色纸砖放在中间做隔断，她指着边上说：“这是小猴子住的，这是孔雀住的，那里比较大，是大象住的。”梓恒点了点头，表示赞成，于是又拿来彩色纸砖继续做隔断。这时，琳琳说：“我这里是大狮子住的，大狮子很危险，需要和小动物们分开住。”说完便开心地笑了起来。梓恒说：“我们这里是个超级大的动物园，欢迎大家来参观。”三个小朋友都很满意自己的作品。

欣然在搭屋顶

欣然在做修补

欣然继续搭屋顶

案例分析：

结合教学活动，两名幼儿很快就确定了建构主题，在建构中具有较强的目的性。在搭建“动物园”的过程中，欣然、梓恒能相互交流，遇到问题时会大胆地表达自己的想法，分享自己的已有经验，让作品更贴近生活。搭建完成后，幼儿都很开心，也愿意与其他幼儿分享成果，获得了成就感和满足感。

（案例提供：吴江区七都幼儿园　曹青）

主要参考文献

1. 柳阳辉，张兰英．学前儿童游戏［M］．郑州：郑州大学出版社，2006.

2. 翟理红，侯娟珍．幼儿游戏［M］．北京：北京师范大学出版社，2012.

3. 王晓虹．无限建构：在结构游戏中促进幼儿发展［M］．福州：海峡文艺出版社，2019.

4. 贾卫红．3—6 岁幼儿结构游戏中专注力表现的特点研究［D］．沈阳：沈阳师范大学，2016.

5. 陈馨．提升大班幼儿积木建构水平的实践研究：以 G 幼儿园为例［D］．上海：上海师范大学，2018.

6. 罗龚艮．大班积木游戏区辅助材料投放与使用的研究［D］．桂林：广西师范大学，2018.

7. 高飞燕．改进昆明市 S 幼儿园大班户外自主体育游戏教师指导策略的行动研究［D］．昆明：云南师范大学，2018.

8. 赵莹．寒地城市幼儿园游戏空间设计研究［D］．哈尔滨：哈尔滨师范大学，2019.

9. 茅为琳．基于大班儿童需要的建构游戏材料投放研究［D］．成都：四川师范大学，2020.

10. 谢玉华．幼儿园建构区游戏材料及其投放方式：基于儿童的视角［D］．长沙：湖南师范大学，2020.

11. 许卫雯．中班幼儿区域活动规则生成研究：以济南市 S 幼儿园为例［D］．济南：山东师范大学，2021.

12. 杨丁芳．建构区材料结构及投放方式对大班幼儿深度学习的影响研究［D］．石家庄：河北师范大学，2022.

13. 刘颖真．幼儿游戏在数学活动中的应用［J］．都市家教（下半月），2013（6）：251.

14. 陈君．建构游戏的特点及指导要点［J］．早期教育（教师版），2013（4）：47.

15. 唐裕茹．探究幼儿园大型户外建构游戏的组织与指导［J］. 中外交流，2019，26（47）：340.

16. 方凯瑜．幼儿园班级区域中建构区的环境创设浅谈［J］. 好日子，2021（19）：273-274.

17. 孙雨诗．浅谈幼儿园建构活动材料投放的问题与策略［J］. 小学生（中旬刊），2021（12）：51.

后记

《幼儿园区域创设与活动指导：建构区》一书，经过整个团队历时两年多的共同研究和实践探索，一年多的反思、撰写和逐步完善，终于将诸多理论思考与实践经验凝练成文字，与大家见面了。

从孕育到成书，本书的顺利出版离不开整个团队付出的心血。除主创人员的努力外，我们还要向那些提供案例的一线教师致以崇高的敬意，她们的实践经验是本书最宝贵的财富。她们分别是苏州市吴江区同里幼儿园张彦超、朱芳艳、樊韵清、张雨薇、朱明英、张金珍、周静、苏雅、袁梦兰等，苏州市吴江区七都幼儿园赵智慧、李沁妍、庄莉、陈月利、孙亚芳、许圣贤、孙月妹、杨雨馨、曹青等。

付梓之际，感谢一路引领我们成长的张晗教授，感谢关心和支持我们的苏州市吴江区教育局的各位领导，正是他们的悉心指导和决策推动，为我们的研究工作提供了强大的后盾，让本书得以顺利出版。

鉴于诸多原因，本书还不能全面地梳理和展现所有的成果与经验，若有不当之处，恳请行家批评指正。限于篇幅，部分案例未能收录，敬祈见谅！

2024 年 8 月